DOCUMENTS

POUR SERVIR A L'HISTOIRE DU SECOND EMPIRE

CIRCULAIRES, RAPPORTS

NOTES ET INSTRUCTIONS

CONFIDENTIELLES

1851-1870

PARIS

IMPRIMERIE JOUAUST

338, RUE SAINT-HONORÉ

DOCUMENTS

POUR SERVIR A L'HISTOIRE DU SECOND EMPIRE

CIRCULAIRES, RAPPORTS

NOTES ET INSTRUCTIONS

CONFIDENTIELLES

1851-1870

PARIS
E. LACHAUD, LIBRAIRE-ÉDITEUR
4, PLACE DU THÉATRE-FRANÇAIS, 4

1872

PRÉFACE DE L'ÉDITEUR

Le mal dont souffre notre temps vient en réalité beaucoup moins de la tendance à la révolte que du penchant à la soumission.

Nous sommes trop indifférents au crime, et si, tout récemment, un homme a pu jeter à la face de l'Europe cette parole impie : « la force prime le droit », c'est que depuis le commencement de ce siècle les classes qui y dominent n'ont su ni respecter le droit, ni résister à la force.

Il n'en est pas une, en effet, qui ne soit frappée en plein visage par ce cruel sarcasme, et la bourgeoisie française se sentirait châtiée entre toutes si elle n'avait pas perdu le sentiment du vrai.

Des innombrables défaillances dont elle s'est rendue coupable, la plus odieuse est assurément celle de décembre 1851.

Préméditée par la coalition des intérêts égoïstes, la conspiration se produisit en pleine paix, cherchant une excuse dans la peur qu'elle avait semée, dans les divisions qu'elle entretenait, dans la crainte d'un désordre qu'elle avait longuement préparé.

L'abandon de l'honnête fut à ce moment si complet qu'aujourd'hui même on a peine à distinguer ceux qui furent les complices de ceux qui se disent les dupes, et que, du jour où le crime reçut du peuple abusé la consécration officielle, presque tous les scrupules disparurent pour faire place à l'ineffable satisfaction.

On a écrit l'histoire de cette époque douloureuse, et on l'a écrite en termes indignés; mais ce que l'on n'a pas assez signalé, ce sont les artifices employés pour masquer les apparences de la honte.

Ces procédés de coup d'État, le présent Recueil se propose de les mettre en lumière.

Il ne faudrait pas toutefois que le lecteur s'attendît à y rencontrer des révélations inattendues.

Les documents qui s'y trouvent réunis ont pour la plupart perdu leur caractère confidentiel avec les circonstances qui les avaient fait naître, et notre but, en les groupant, a été simplement de présenter un tableau complet de la procédure impériale, en reproduisant intégralement les pièces du dossier.

Et à ce propos il ne saurait être indifférent de rappeler encore ici les usages de l'Empire.

Au lendemain du coup d'État, les vainqueurs de décembre firent dans les documents de 1848 — circulaires et télégrammes — un choix intelligent de citations compromettantes pour le régime républicain, et comme les détrousseurs étaient d'humeur joyeuse, ils agrémentèrent ce recueil de légendes plaisantes, afin d'égayer la lecture ingrate des documents mutilés.

Le précieux répertoire fut mis à la disposition de quelques initiés, — orateurs officiels ou journalistes officieux, — et tout le monde se souvient des succès de presse et de tribune que valurent aux souteneurs du régime les réquisitoires mensongers qu'ils y puisaient.

Nous avons la bonne fortune de posséder un exemplaire de ce *vade mecum* du haut fonctionnaire impérial.

Peut-être le publierons-nous un jour, à titre de curiosité bibliographique.

En attendant, nous offrons à nos contemporains cette édition des circulaires de l'Empire, et, sans nous préoccuper de l'audace avec laquelle les courtisans et les soudoyés de Décembre ont travesti ou travestissent l'histoire, nous ne voulons retenir des douleurs du passé qu'un enseignement pour l'avenir, et cet enseignement, le voici :

Les sociétés modernes doivent, sous peine de mort, revenir à la tradition du droit et proscrire impitoyablement les entreprises de la ruse et de la violence.

2 décembre 1871.

PREMIÈRE PARTIE

CIRCULAIRES & INSTRUCTIONS

CONFIDENTIELLES

DE 1851 A 1870

1º Pièces antérieures au coup d'État.
2º Pièces relatives au coup d'État du 2 décembre 1851.
3º Plébiscite des 21 et 22 décembre 1851.
4º Instructions données du 31 décembre 1851 au 18 février 1852.
5º Premières Élections législatives.
6º Voyage du Président de la République dans le midi de la France.
7º Plébiscite du 2 décembre 1852.
8º Deuxièmes Élections législatives.
9º Troisièmes Élections législatives.
10º Quatrièmes Élections législatives.
11º Plébiscite du 8 mai 1870.
12º Circulaires d'installation des Ministres de l'Intérieur.
13º Documents divers.

I

PIÈCES
ANTÉRIEURES AU COUP D'ÉTAT

Confidentielle.

N° 54.

Paris, le 1ᵉʳ mai 1851.

CIRCULAIRE

(Dispositions à prendre dans les départements)

Monsieur le Préfet, l'un de vos collègues, M. le Préfet de la Sarthe, vient d'adresser aux Sous-Préfets et aux Commandants de gendarmerie des instructions confidentielles ayant pour but de leur tracer la marche qu'ils ont à suivre, *dans le cas, heureusement peu probable,* où des soulèvements seraient organisés et viendraient à éclater dans le département qu'il administre.

Ces instructions m'ont paru sagement combinées ; je crois qu'elles sont de nature à être prises pour bases de dispositions semblables dans d'autres départements. Je sais, au surplus, qu'elles peuvent et doivent être modifiées selon les nécessités, et, sous ce rapport, je ne vous fais pas une obligation d'en adresser de pareilles aux fonctionnaires placés sous vos ordres. Vous apprécierez, néanmoins, s'il ne serait pas à propos de les utiliser, en les appropriant aux convenances locales.

Dans ce but, j'ai l'honneur de vous en transmettre une copie que j'ai fait autographier ; je fais pareil envoi à messieurs vos collègues.

Agréez, etc.

Signé : LE MINISTRE DE L'INTÉRIEUR.

(Copie des Instructions confidentielles jointes à la Circulaire du 1er mai 1851, n° 54)

INSTRUCTIONS CONFIDENTIELLES

A transmettre par M. le Préfet d

A MM. LES SOUS-PRÉFETS, A MM. LES COMMANDANTS DE GENDARMERIE, A M. L'INSPECTEUR DES POSTES.

OBSERVATIONS GÉNÉRALES

I. On peut craindre que le parti anarchique ne fasse une tentative de désordre dans le cours de l'année 1851. Il importe de se tenir en garde contre une surprise, de se préparer à l'avance; *et toutefois il convient d'alar-*

mer le moins possible les populations par des actes extérieurs.

Les forces dont l'autorité peut disposer dans le département sont à..... (indiquer l'emplacement des troupes et les conditions dans lesquelles elles se trouvent pour opérer en cas de besoin).

II. Le parti anarchique a dans le département des points stratégiques, pour ainsi dire des foyers où son action se manifeste.

Ces points sont :....... (indiquer les localités plus particulièrement signalées).

Dans chacune de ces villes résident des hommes connus de MM. les Sous-Préfets et de la gendarmerie par leur participation à toutes les tentatives de désordre. Ce sont donc ces points et ces hommes qu'il convient de surveiller. Selon toute probabilité, c'est dans une de ces localités, ou dans toutes à la fois, qu'un mouvement peut se produire. Dans tous les cas, il ne serait dangereux et contagieux que là.

DISPOSITIONS

§ 1ᵉʳ. — *Sous-Préfets.*

I. Avant tout, il faut que MM. les Sous-Préfets soient informés de ce qui se passe dans leur arrondissement. Ils devront prendre toutes les mesures qu'ils croiront nécessaires pour arriver à ce résultat. D'abord, ils recommanderont à MM. les Lieutenants de gendarmerie de les tenir informés chaque jour, conformément aux articles 61, 62 et 70 de l'ordonnance du 29 octobre 1826, de tous les événements qui peuvent intéresser l'ordre public, et de tous les renseignements qui peuvent donner lieu à des mesures de précaution et de répression.

Ils donneront l'ordre aux Commissaires de police établis dans leurs arrondissements de les tenir pareillement au courant, sur-le-champ et directement, de tous les événements, rumeurs et renseignements qui surviendront dans la commune de leur résidence, ou qui seraient parvenus à leur connaissance, quel que soit le lieu où ils se seraient produits.

Ils feront la même recommandation à ceux de MM. les Maires *dans le zèle et la discrétion desquels ils pourront avoir confiance.*

Outre ces renseignements officiels, MM. les Sous-Préfets peuvent s'entendre officieusement avec MM. les Procureurs de la République, pour que ces fonctionnaires adressent la même recommandation à MM. les Juges de paix.

Ils peuvent aussi profiter de leurs relations personnelles dans l'arrondissement *pour s'assurer des correspondances et des avis officieux.*

II. Toute nouvelle parvenue par une voie quelconque à MM. les Sous-Préfets doit être transmise immédiatement à la Préfecture, sans qu'ils se préoccupent de la question de savoir si le Préfet n'a pas été directement informé par d'autres voies.

Pour la transmission des nouvelles, MM. les Sous-Préfets se serviront, lorsque cela sera possible, de la voie ordinaire de la poste, en inscrivant sur l'enveloppe, si cela est nécessaire, la recommandation, pour M. le Directeur, de faire remettre la dépêche immédiatement après son arrivée. Dans le cas où la voie de la poste occasionnerait un retard, on aura recours à la voie extraordinaire. Mais, comme il importe de ne pas détourner la gendarmerie de ses fonctions ordinaires et de ménager les hommes et les chevaux, qui peuvent être utilement employés ailleurs, on se servira d'estafettes, conformément à ce qui va être expliqué dans le paragraphe concernant M. l'Inspecteur des postes.

III. MM. les Sous-Préfets n'ignorent pas qu'aux termes de l'article 74 de l'ordonnance sur la gendarmerie, ils peuvent requérir le rassemblement de plusieurs brigades pour résister à une agression ou protéger les personnes et les propriétés.

IV. Ils n'ignorent pas davantage que la loi du 7 juin 1848 leur donne expressément le droit de dissiper les attroupements, sous certaines conditions dont l'accomplissement est toujours facile, et a pour avantage de placer l'action de l'autorité sous la protection de la loi.

V. Dans l'impossibilité de prévoir tous les cas qui pourront se présenter, il est bon que MM. les Sous-Préfets prennent sous leur responsabilité les résolutions que l'urgence commandera, et que le Préfet s'empressera de couvrir de sa propre responsabilité. Toutefois, une chose leur est recommandée. C'est de ne prendre le rôle agressif que là où ils pourront espérer ne pas être repoussés.

VI. Si MM. les Sous-Préfets se trouvent dans le cas de réclamer l'envoi d'une force quelconque sur un point de leur arrondissement, ils auront soin de s'occuper immédiatement de procurer à cette force des moyens de logement et de subsistance, pour les premiers moments et jusqu'à ce que l'autorité militaire puisse y pourvoir elle-même. Il est à présumer qu'un appel fait aux bons citoyens faciliterait cette mesure ; mais, au besoin, *le droit de réquisition, qui n'a jamais été abrogé, pourrait être exercé.*

L'autorité militaire aura d'autant plus de facilités à porter du secours qu'elle sera plus assurée de la subsistance des hommes et des chevaux.

§ 2. — *Gendarmerie.*

I. M. le Commandant de la gendarmerie est prié de donner tous les ordres et instructions nécessaires pour que, sur tous les points du département, la surveillance et la transmission des nouvelles, des renseignements à fournir aux diverses autorités, ait lieu, conformément à l'ordonnance du 29 octobre 1820.

II. Dans le cas où il y aurait une véritable urgence et où le transport d'une nouvelle devrait lui être fait par voie extraordinaire, il pourrait autoriser le Commandant de la brigade à lui écrire par estafette, afin de ne pas affaiblir cette brigade et les circonvoisines d'hommes nécessaires.

Si la brigade n'était pas placée sur une ligne de poste et qu'on employât un homme de confiance, le Préfet *acquitterait la dépense qui en résulterait et dont il lui serait tenu compte par le Ministère de l'Intérieur.*

III. En cas d'émeute, de collision ou de délit quelconque, il importe surtout que les chefs, auteurs ou complices, soient signalés de manière à ce que la justice puisse, après le tumulte, retrouver et poursuivre les coupables ; c'est un service qu'on peut principalement attendre de la gendarmerie.

§ 3. — *Inspecteurs des Postes.*

I. M. l'Inspecteur des postes est prié d'adresser, *confidentiellement*, à MM. les Directeurs que cela peut intéresser, les instructions nécessaires pour que, sur la réquisition de MM. les Sous-Préfets, Juges de paix, Maires et Commandants de brigade de gendarmerie, qui agiront en cette part comme les délégués du Préfet, les dépêches qui seraient adressées soit à M. le Commandant de la gendarmerie dans ce département, soit à

MM. les Sous-Préfets, soit au Préfet, soient immédiatement transportées par estafette.

II. Il est également prié de donner à MM. les Directeurs des postes de...... (indiquer les bureaux de poste) de faire remettre soit au Préfet, soit aux Sous-Préfets, toutes les dépêches portant cette annotation : « A faire remettre de suite », quelle que soit l'heure du jour ou de la nuit à laquelle elle arrive.

III. Il conviendra de leur recommander également de ne communiquer au public, sous quelque prétexte que ce soit, aucune lettre, aucune dépêche, proclamation, affiche ou nouvelle parvenue, par quelque voie que ce soit, à leur bureau, et de défendre aux courriers de la répandre sur leur route.

IV. Il sera bon de recommander aux estafettes de s'abstenir, en traversant les villes et bourgs, de démonstrations bruyantes, dont l'unique et inutile résultat est d'avertir la population qu'un événement quelconque a nécessité leur déplacement.

Confidentielle.

Paris, le 24 novembre 1851.

CIRCULAIRE

Monsieur le Préfet, de nombreux avis, dont il serait imprudent de ne pas tenir compte, annoncent que les *anarchistes se disposent à tenter un prochain mouvement insurrectionnel.* On indique la date du 30 de ce mois ; c'est le jour désigné par les meneurs des sociétés secrètes. De différents points du territoire on signale le départ des principaux affidés, qui semblent venir à Paris chercher le mot d'ordre ; un assez grand nombre d'hommes suspects ou dangereux nous arrivent d'Angleterre, comme pour prendre part à une lutte décisive : ce sont là des symptômes graves et qui méritent la plus sérieuse attention.

Ils éveilleront, je n'en doute pas, votre vigilance. C'est par une attitude énergique et prévoyante que vous parviendrez à déconcerter les tentatives des factieux. Je compte sur votre dévouement.

Paris est calme, du moins à la surface ; le Gouvernement est en mesure de réduire à l'impuissance les artisans d'émeute. Si les appréhensions que de sinistres projets ont fait naître venaient à se réaliser, et qu'un mouvement éclatât dans Paris, vous devriez être plein de confiance dans la fidélité de l'armée et dans le patriotisme des amis de l'ordre, sur lesquels le Gouvernement s'appuie. Mais votre devoir serait de maintenir la tranquillité publique dans votre département par tous les moyens dont la loi vous assure la disposition. Concertez-vous d'avance, à cet égard, avec l'autorité militaire ; veillez à ce qu'aucune surprise ne soit faite au pouvoir ; secondez de tous vos efforts le zèle des magistrats et l'action de la justice.

Des perquisitions domiciliaires opérées chez les meneurs les plus compromis, *l'arrestation, ordonnée à propos, de tous ceux d'entre eux que l'on pourrait à juste titre considérer comme les auteurs ou les complices des projets coupables que l'on signale, seraient autant de mesures propres à déjouer des plans d'insurrection et à priver l'émeute de ses chefs naturels.* Montrez-vous ferme et sévère ; faites saisir, de concert avec les magistrats compétents, les écrits et les journaux qui provoqueraient à la rébellion ou à la révolte : il faut que les populations honnêtes, que les démagogues tiennent sous la crainte, se rassurent en voyant que l'autorité est partout en mesure de comprimer ses ennemis et de les livrer à la sévérité des lois.

Stimulez le zèle de la gendarmerie ; faites appel, s'il y a lieu, et dans la limite des instructions spéciales, au concours de la garde forestière ; réclamez la coopération active et efficace de tous les agents de l'État. C'est par cette conduite vigoureuse que vous intimiderez les malveillants et que vous rallierez à vous les bons citoyens.

Veuillez, comme par le passé, me tenir exactement informé de tous les incidents dignes d'intérêt qui viendraient à se produire.

Agréez, etc.

Signé : THORIGNY.

II

COUP D'ÉTAT

DU 2 DÉCEMBRE 1851

Urgent.

Paris, le 4 décembre 1851.

CIRCULAIRE AUX SOUS-PRÉFETS

(Instructions)

Monsieur le Sous-Préfet, les partis qui s'agitaient dans l'Assemblée menaçaient la France de compromettre son repos en fomentant contre le Gouvernement des complots dont le but était de le renverser. L'Assemblée a été dissoute aux applaudissements de toute la population de Paris.

D'après mes instructions, M. le Préfet de votre département a dû faire afficher dans toutes les communes les proclamations du Président de la République, et envoyer aux Maires ainsi qu'aux Juges de paix les circulaires que je lui ai adressées, avec les modèles du registre des votes.

Le Chef de l'administration départementale veillera à la stricte exécution des dispositions prescrites par ces circulaires. *Il remplacera immédiatement les Juges de paix, les Maires et les autres fonctionnaires dont le concours ne lui sera pas assuré.*

Dans ce but, M. le Préfet demandera à tous les fonctionnaires publics de lui donner par écrit leur adhésion à la grande mesure que le Gouvernement vient d'adopter.

Il fera arrêter immédiatement tout individu qui tenterait de troubler la tranquillité, et suspendre tout journal dont la polémique pourrait y porter atteinte.

Je compte, monsieur le Sous-Préfet, sur votre dévouement et votre zèle pour seconder résolûment M. le Préfet et pour prendre toutes les précautions nécessaires au maintien de l'ordre public.

J'ai voulu, sans préjudice des instructions de votre supérieur hiérarchique, faire directement cet appel à votre loyauté et à votre énergie, en insistant particulièrement pour que vous prépariez toutes les dispositions propres à assurer la transmission immédiate des envois de la préfecture aux Maires et Juges de paix. Il y a extrême urgence, puisque les registres doivent être ouverts à la votation nationale du 14 au 21 décembre. Vous m'accuserez réception de cette dépêche par voie télégraphique, et vous me ferez, jusqu'à nouvel ordre, un rapport quotidien sur l'état de votre arrondissement. Je n'ai pas besoin de vous recommander de me faire parvenir par le télégraphe toute nouvelle ayant quelque gravité.

La situation de Paris et les nouvelles des départements répondent complètement à la patriotique confiance de l'Élu du Dix Décembre et aux intérêts de la France.

Recevez, etc.

Signé : DE MORNY.

Confidentielle.

Paris, le 5 décembre 1851.

CIRCULAIRE AUX PREFETS

(Demande de renseignements sur les fonctionnaires)

Monsieur le Préfet, le Gouvernement a besoin de connaître si tous les fonctionnaires sont résolus à lui prêter sans hésitation le concours énergique et absolu que les circonstances actuelles exigent.

Je fais donc appel à votre expérience et à votre dévouement pour me fournir les moyens d'apprécier d'une manière certaine les Sous-Préfets et les Conseillers de préfecture placés sous vos ordres. Veuillez, je vous prie, me faire connaître nettement et sans aucune restriction toute votre pensée sur chacun d'eux. Ce serait, vous ne le perdrez pas de vue, manquer à vos plus sérieuses obligations, et engager de la manière la plus grave votre propre responsabilité, que vous inspirer de tout autre sentiment que celui de l'intérêt et du salut public.

Je désire recevoir dans le plus bref délai possible les renseignements confidentiels qui font l'objet de la présente communication.

Recevez, etc.

Signé : DE MORNY.

Paris, le 6 décembre 1851.

CIRCULAIRE AUX PRÉFETS

(Publication des journaux)

Monsieur le Préfet, je vous ai fait connaître par la voie du télégraphe les intentions du Gouvernement en ce qui concerne la publication des journaux dans votre département; je viens aujourd'hui compléter les instructions que vous avez reçues à ce sujet.

Aucun journal ne pourra paraître sans votre autorisation.

Vous devrez soumettre à votre visa ou à celui de MM. les Sous-Préfets les épreuves des journaux dont la publication vous paraîtra pouvoir être autorisée sans inconvénient, *et vous ne permettrez aucune discussion sur la légalité des événements accomplis*. Vous ne devrez pas admettre davantage les articles dont l'effet tendrait à diminuer ou affaiblir l'autorité du Gouvernement. Vous comprendrez facilement combien il importe, dans les circonstances actuelles, d'assurer à l'administration toute la force morale nécessaire pour accomplir l'œuvre de salut et de régénération qu'elle a mission d'accomplir.

Vous vous pénétrerez de la pensée du Gouvernement.

Je me repose sur votre dévouement pour lui donner toute l'efficacité désirable.

Recevez, etc.

Signé : DE MORNY.

Paris, le 7 décembre 1851.

CIRCULAIRE

(Demande des listes des chefs de sociétés secrètes, principaux affidés, meneurs du parti socialiste)

Monsieur le Préfet, dans les circonstances actuelles, il est indispensable que l'autorité connaisse bien les artisans de désordre, afin de pouvoir prendre, au besoin, les mesures de répression les plus promptes.

Je désire recevoir de vous la liste, aussi exacte que possible, des chefs des sociétés secrètes qui existent dans votre département, de leurs principaux affidés et de tous les meneurs du parti socialiste qui, à un moment donné, *peuvent pousser à l'insurrection ou à la révolte.*

Vous voudrez bien dresser la liste par arrondissement, et indiquer avec soin les noms, le domicile, la profession et, autant que possible, l'âge des individus qui figureront sur cet état.

Vous aurez soin de me faire parvenir cette liste dans

le plus bref délai, et vous en conserverez par devers vous un duplicata, afin que, le cas échéant, l'autorité ne perde pas de temps à prescrire de vaines recherches ou de nouvelles enquêtes de ce genre.

Recevez, etc.

Signé : DE MORNY.

Confidentielle.

Paris, le 10 décembre 1851.

CIRCULAIRE

(Les pouvoirs des Préfets comprennent le droit de révoquer et de remplacer les Maires et Adjoints)

Monsieur le Préfet, ma circulaire du 7 de ce mois a fait cesser la délégation que vous aviez reçue pour le remplacement des Juges de paix.

Vos pouvoirs ne subsistent pas moins dans toute leur étendue en ce qui concerne les fonctionnaires qui sont placés à la tête des municipalités.

Quelle que soit la population des communes, vous pouvez suspendre, révoquer et remplacer les Maires et les Adjoints qui ne vous offriraient pas de suffisantes garanties.

Quoique, en règle générale, il convienne de désigner leurs successeurs parmi les membres du Conseil municipal, vous n'êtes lié, à cet égard, par aucune nécessité ; vous n'avez à tenir compte que des circonstances, et votre but doit être de vous assurer le concours d'agents fermes, honnêtes et dévoués.

Les désordres qui ont éclaté sur divers points du territoire, l'approche du jour où le scrutin doit décider des destinées du pays, vous ont déjà fait sentir combien il importait que, dans chaque commune, une main ferme et loyale secondât les efforts du Gouvernement pour protéger l'ordre et garantir la sincérité du scrutin.

Vous ne devez pas hésiter à user de vos pouvoirs pour atteindre ce but.

Recevez, etc.

Signé : DE MORNY.

Paris, le 12 décembre 1851.

Les pouvoirs extraordinaires des Préfets comprennent le droit de dissoudre les Conseils municipaux)

Monsieur le Préfet, des doutes paraissent s'être élevés sur le point de savoir si les pouvoirs extraordinaires dont vous êtes investi comprennent le droit de prononcer la dissolution des Conseils municipaux.

Le Gouvernement vous a délégué le soin de remplacer les fonctionnaires de l'ordre administratif sur le concours desquels vous ne pourriez compter.

La dissolution des Conseils municipaux est comprise dans cette délégation, et vous ne devez pas hésiter à l'exercer partout où vous en aurez reconnu la nécessité.

Mais vous aurez à me rendre immédiatement et exactement compte des mesures de ce genre que vous aurez prononcées.

Recevez, etc.

Signé : DE MORNY.

Paris, le 12 décembre 1851.

CIRCULAIRE

(Expulsion des étrangers)

Monsieur le Préfet, dans les circonstances actuelles, il importe de supprimer les formalités qui retardent l'exécution des mesures de sûreté publique.

Aux termes des instructions, aucun étranger ne peut être expulsé de France sans que le Ministre de l'Intérieur ait ratifié la mesure prise à cet égard.

Jusqu'à ce que la tranquillité soit pleinement rétablie, vous êtes autorisé à expulser d'urgence du territoire français les étrangers dont la présence vous paraîtra dangereuse au point de vue politique. Il vous suffira de me donner avis de votre décision et des causes qui l'auront motivée. Vous aurez le soin de me faire parvenir en même temps le signalement des individus expulsés.

Agréez, etc.

Signé : DE MORNY.

Paris, le 18 décembre 1851.

(Journal recommandé)

Monsieur le Préfet, un nouveau journal, *le Public*, vient d'être fondé à Paris sous le patronage et avec le concours de plusieurs représentants, banquiers et principaux propriétaires.

Cette feuille s'est imposé la mission de défendre les actes du Gouvernement et de propager les idées d'ordre, qui peuvent seules neutraliser les manœuvres des anarchistes. Vous comprendrez quel intérêt s'attache à ce que cette publication parvienne au sein de toutes les populations, et l'avantage que trouverait l'administration dans un pareil auxiliaire.

Vous aurez à examiner si, pour votre département, il ne serait pas utile de souscrire un certain nombre d'abonnements à ce journal, que la modicité de son prix rend accessible à tous. Veuillez, je vous prie, me faire connaître le résultat que vous aurez obtenu à cet égard auprès des fonctionnaires qui relèvent de votre autorité.

Recevez, monsieur le Préfet, etc.

Signé : DE MORNY.

Paris, le 20 décembre 1851.

(Meneurs révolutionnaires assimilés aux repris de justice)

Monsieur le Préfet, les instructions que j'ai données à M. le Préfet de police, au sujet des repris de justice en rupture de ban et des fauteurs de sociétés secrètes, ne s'adressent point seulement à ce magistrat : elles tracent, évidemment, une règle à tous les Préfets, et doivent recevoir leur exécution immédiate dans tous les départements.

En vertu du décret du 8 décembre, vous êtes autorisé à prendre des mesures promptes et énergiques contre les meneurs révolutionnaires qui, dans de ténébreux conciliabules, recrutent des affidés et trament des conspirations. Ces misérables sont pour la plupart connus de vous ; ils ne doivent plus jouir de la funeste impunité qui encourage la révolte et la guerre civile.

La loi range au nombre des sociétés secrètes toutes les associations politiques qui existeraient sans avoir accompli les formalités prévues par le décret du 28 juillet 1848. Si donc des réunions de ce genre venaient à se former, vous séviriez avec vigueur contre ceux qui en feraient partie.

Les Comités directeurs de Paris ont pour coutume d'envoyer dans les départements des émissaires chargés d'établir des centres de propagande ou de pervertir l'opinion. Ces agents dangereux devront être arrêtés et incarcérés chaque fois que leur présence vous sera signalée.

Un certain nombre de communes subissent le joug de quelques-uns de ces hommes qui ne doivent leur domination qu'à la terreur qu'ils inspirent. Il est temps de briser ces influences funestes qui démoralisent les populations.

Les perquisitions et les saisies qui ont eu lieu sur plusieurs points auront dû faire découvrir la preuve de leur affiliation aux sociétés secrètes; ils devront subir les conséquences de leur position.

Beaucoup de repris de justice en surveillance sont une cause d'inquiétude dans les communes qu'ils habitent. Vous leur assignerez de nouvelles résidences, où leur séjour sera sans inconvénient. S'ils rompent leur ban, vous donnerez des ordres pour qu'on s'assure de leur personne.

Enfin, vous vous souviendrez que le décret du 8 décembre met en vos mains une arme dont vous devez vous servir, sans hésitation, à l'égard de tous les individus qui sont sous le coup de cette mesure de sûreté générale.

Agréez, etc.

Signé : DE MORNY.

Paris, le 15 décembre 1852.

(Une allocation de............, est accordée à son département pour l'aider à pourvoir aux dépenses occasionnées, en 1851, pour la détention des insurgés de décembre)

Monsieur le Préfet, un crédit extraordinaire m'ayant été ouvert sur l'exercice 1852 pour aider les départements à pourvoir aux dépenses résultant des arrestations opérées à la suite des événements de décembre, je viens d'arrêter une répartition de fonds dans laquelle le département que vous administrez est compris pour.....

Cette somme lui est allouée à titre de subvention seulement, et il doit être bien entendu que la décision dont je vous donne avis n'implique aucune dérogation au principe inscrit dans la loi du 20 mai 1838, et d'après lequel les frais de détention des prévenus et des accusés constituent une charge départementale.

C'est vous dire, monsieur le Préfet, que si la somme indiquée ci-dessus et qui va être mise à votre disposition est insuffisante pour acquitter toutes les dépenses occasionnées par la détention des prisonniers politiques, vous devez aviser aux moyens de pourvoir au surplus de ces dépenses avec les ressources départementales.

Recevez, monsieur le Préfet, etc.

Signé : DE MORNY.

III

PLÉBISCITE

DES 20 ET 21 DÉCEMBRE 1851

RÉPUBLIQUE FRANÇAISE

MINISTÈRE DE L'INTÉRIEUR

(A afficher)

Le Président de la République française et son Gouvernement ne reculeront devant aucune mesure pour maintenir l'ordre et sauver la société; mais ils sauront toujours entendre la voie de l'opinion publique et le vœu des honnêtes gens.

Ils n'ont pas hésité à changer un mode de votation qu'ils[1] avaient emprunté à des précédents historiques, mais qui, dans l'état actuel de nos mœurs et de nos habitudes électorales, n'a pas paru assurer suffisamment l'indépendance des suffrages.

Le Président de la République entend que tous les électeurs soient complétement libres dans l'expression de leur vote, qu'ils exercent ou non des fonctions publiques, qu'ils appartiennent aux carrières civiles ou à l'armée.

Indépendance absolue, complète liberté des votes, voilà ce que veut Louis-Napoléon Bonaparte.

Le Ministre de l'Intérieur,
      Signé: DE MORNY.

8 décembre 1851.

---

1. Cett? distinction   ɔu /ernemen? ?   ? les
   ?^tes . ?s   ?t p?   ?aïveté sou?   b?   ?e

Confidentielle.

Paris, le 10 décembre 1851.

Monsieur le Préfet, à la veille du scrutin qui va prononcer sur la destinée de la France, vous avez dû vous préoccuper des moyens d'assurer la libre et sincère expression de la volonté nationale.

Le Gouvernement vous a armé de tous les pouvoirs nécessaires pour la protéger contre la violence des partis; mais là ne doit pas se borner votre intervention, et vous avez d'autres devoirs à remplir.

Dans la lutte qui va bientôt s'engager, *l'Administration ne peut pas rester impassible et inactive.* Les agents qui la représentent doivent employer toute leur énergie à faire prévaloir sa pensée politique, car il serait indigne d'eux de s'y associer et de la servir, s'ils ne la croyaient pas la meilleure pour l'intérêt et l'avenir du pays.

En présence de l'hostilité des partis, agir, c'est se défendre, et vous ne perdrez pas de vue que si le Gouvernement du Président de la République doit s'attendre à d'injustes attaques, à de coupables manœuvres, à d'odieuses calomnies, il sait aussi que vous mettrez à les combattre l'ardeur d'une conviction sincère et d'un dévouement éprouvé.

La cause que je vous appelle à défendre peut être soutenue au grand jour.

L'ordre rétabli, d'abominables espérances déjouées et vaincues ; les plus grands intérêts de la société désormais hors de toute atteinte ; la nation appelée à manifester librement sa volonté souveraine: tels sont les résultats qu'a déjà obtenus la courageuse initiative du Chef de l'État.

Ces résultats sont le gage de l'avenir, et la France reconnaissante n'a besoin que de les connaître pour se décider à les maintenir.

Usez donc de votre légitime influence pour lutter contre les manœuvres des partis hostiles, pour éclairer les esprits abusés, et pour ramener, par la conviction, les opinions consciencieuses.

Répandez les proclamations du Président, assurez-vous qu'elles ont reçu la publicité la plus complète : car c'est dans ces actes que tous les Français pourront lire la franche et loyale expression des sentiments qui l'animent.

Vous savez, du reste, aussi bien que moi dans quelles limites l'Administration doit se maintenir. Liberté entière des consciences, mais emploi ferme et persévérant de tous les moyens avouables d'influence et de persuasion : voilà ce que le Gouvernement vous demande, voilà ce que j'attends de vous.

La grande force des partis politiques, c'est l'union. Ceux qui soutiennent la cause du Président de la République doivent se pénétrer de cette vérité. Engagez-les donc à former dans chaque ville, dans chaque canton, des comités électoraux, où les hommes de bien puissent venir puiser d'utiles renseignements.

Que ces centres d'action servent à éclairer les esprits,

à raffermir les courages et à multiplier votre action légitime, du chef-lieu au moindre hameau.

Bien peu de jours vous sont accordés pour remplir cette tâche. Mais elle n'est pas au-dessus de votre zèle et du dévouement de ceux qui comprennent que du résultat du scrutin dépend le salut de la France.

Jamais un grand peuple ne fut appelé à accomplir une œuvre plus solennelle.

D'un côté, l'anarchie avec son hideux cortége de désordres, de meurtres, de spoliations.

De l'autre, le calme, la sécurité. La garantie de tous les grands intérêts sociaux. La puissance et la grandeur de notre belle patrie.

Telle est, vous n'en doutez pas, l'alternative terrible que renfermera le vote émis contre ou pour le Président de la République.

Attachez-vous à le faire comprendre, et vous aurez bien mérité du pays.

Recevez, etc.

Signé: DE MORNY.

Paris, le 24 décembre 1851.

Monsieur le Préfet, le Président de la République a fixé au 1er janvier 1852 la proclamation du résultat général des votes émis dans les journées des 20 et 21 décembre.

Il convient que tous les départements soient représentés à cette solennité nationale, et ils ne peuvent l'être mieux que par les Maires de chaque chef-lieu d'arrondissement.

Vous inviterez donc ces fonctionnaires à se trouver à Paris le 1er janvier au matin.

Ils pourront être remplacés, au besoin, par un délégué désigné par le Conseil municipal.

Vous leur ferez savoir qu'ils devront être revêtus de leur écharpe, et vous aurez soin de les accréditer spécialement près de moi, en me faisant connaître leurs noms et leurs qualités.

Je vous prie de m'accuser immédiatement réception de la présente lettre et d'en exécuter les dispositions.

Recevez, etc.

Signé : DE MORNY.

Paris, 26 décembre 1851.

(Dépenses relatives à l'exécution des décrets des 2 et 4 décembre — Mode d'imputation)

Monsieur le Préfet, des difficultés se sont élevées relativement à l'imputation des dépenses auxquelles a donné lieu l'exécution des décrets des 2 et 4 décembre.

Ces dépenses sont de plusieurs natures :

1° Frais occasionnés par l'établissement des registres de vote, en exécution du décret du 2 décembre ;

2° Frais de déplacement des Juges de paix pour assurer soit l'établissement de ces registres, soit la confection des listes électorales qui ont été substituées aux registres par le décret du 4 décembre;

3° Frais de tenue des assemblées électorales (chauffage, éclairage, garde des urnes et autres menues dépenses);

4° Frais d'impression des cadres pour la formation des listes, des cartes d'électeurs et des bulletins de vote.

Les dépenses comprises dans les n°s 3 et 4 doivent être supportées par les communes et les départements comme dépenses électorales ordinaires, suivant la distinction posée par la loi du 7 août 1850.

Les frais d'établissement des registres de vote, là où le décret du 2 décembre a reçu un commencement d'exécution, et ceux que les Juges de paix ont supportés personnellement, me paraissent devoir rentrer seuls à la charge de l'État, et réclament une allocation extraordinaire.

Vous m'en adresserez un état, afin que je puisse fixer, d'après une base certaine, l'importance du crédit dont j'aurai à provoquer l'ouverture.

Vous me ferez connaître, en même temps, si des dépenses non indiquées ci-dessus vous paraissent rentrer dans la même catégorie.

Recevez, etc.

Signé: DE MORNY.

IV

INSTRUCTIONS

DONNÉES DU 31 DÉCEMBRE 1851 AU 18 FÉVRIER 1852

Paris, le 31 décembre 1851.

CIRCULAIRE

(Chiffre des détenus)

Monsieur le Préfet, je désirerais connaître, dans un intérêt de sécurité et d'ordre, quel est le nombre d'individus qui ont été arrêtés à la suite des événements de Décembre et qui attendent en ce moment que la justice statue à leur égard.

Je vous prie, pour ce qui concerne votre département, de me fixer le plus promptement possible.

Ceux de MM. les Préfets dans les départements desquels de nombreuses arrestations auraient eu lieu, et qui ne seraient point en état de me répondre aujourd'hui même, pourraient au moins me donner, courrier par courrier, *un chiffre très-approximatif, sauf à compléter sans retard ce renseignement.*

Agréez, etc.

Signé : DE MORNY.

Paris, le 11 janvier 1852.

CIRCULAIRE

(Meneurs révolutionnaires)

Monsieur le Préfet, le *Moniteur* du 10 janvier vous a fait connaître les dispositions prises par le Gouvernement contre un certain nombre d'anciens Représentants qu'il a cru devoir, à divers titres, éloigner de notre territoire. Une note insérée dans le même numéro vous indique les résolutions auxquelles il s'est arrêté envers les hommes dont la présence pourrait être une cause de trouble ou d'inquiétude. Vous trouverez dans ces mesures une application énergique des instructions que je vous ai transmises dans mes circulaires des 20 décembre 1851 et 2 janvier 1852.

Le rétablissement de la tranquillité publique sur tous les points de la France ; le rappel de cette quiétude générale qui inspire la confiance, sans laquelle le crédit public ne peut se consolider ; le retour à cette pensée de garantie et de sécurité, qu'aucune force, qu'aucune influence ne pourra dominer ou paralyser l'action protectrice que le Gouvernement entend exercer sur les personnes comme sur les intérêts publics ou privés : tel est le but que nous voulons atteindre ; il faut y marcher sans hésitation et sans faiblesse.

Déjà vous avez compris, monsieur le Préfet, que le nombre des coupables ne permettait pas de procéder contre eux par les voies de la justice ordinaire. Les débats qui s'ouvriraient par l'applications des règles du droit commun constitueraient un nouveau danger public, et le souvenir tout récent encore des agitations excitées par les procès politiques impose au Gouvernement l'obligation d'user d'un droit qui dérive du plus grand des devoirs, celui d'assurer le salut du pays. C'est donc par voie administrative que les mesures de sûreté générale devront être appliquées. C'est à vous d'en user dans de justes limites, sans passion comme sans crainte, avec sévérité, mais avec justice. Nous ne pouvons pas oublier que nous devons cette justice à la société entière, qui attend de nos décisions l'ordre et la sécurité.

Les événements qui ont suivi le grand acte du 2 Décembre ont mis presque partout en évidence les hommes qui depuis longtemps ont préparé le bouleversement de la France. Les uns ont été pris les armes à la main ; d'autres, avouant ainsi leur culpabilité, ont échappé par la fuite à l'action de la loi ; les investigations de la justice ou de l'administration ont mis à découvert les complots et les organisateurs du désordre ; vous devez être désormais en mesure d'apprécier la part que chacun a prise à tous ces actes, à tous ces projets, qui inspiraient la terreur aux gens paisibles. Je vous prie de m'envoyer, le plus promptement possible, un état nominal de tous les hommes que vous croirez devoir être soumis aux mesures de sûreté publique prises par le Gouvernement.

Suivant le degré de leur culpabilité ou de l'hostilité qu'ils ont manifestée envers le Gouvernement, suivant aussi l'évidence des charges qui pèsent contre eux, vous les comprendrez dans l'une des trois catégories indiquées au *Moniteur*.

Ainsi, la première comprendra les individus convaincus d'avoir pris part aux insurrections récentes et qui, suivant leur degré de culpabilité, devront être déportés à la Guyane française ou en Algérie ;

La deuxième comprendra les chef reconnus du socialisme, et qui seront expulsés du territoire de la République ;

La troisième comprendra les hommes politiques qui se sont fait remarquer particulièrement par leur violente hostilité au Gouvernement, et qui devront être momentanément éloignés de France.

Vous devez ajouter une quatrième catégorie, dans laquelle vous classerez les hommes qui n'auraient pas pu être compris dans la troisième, mais qu'il y aurait intérêt à éloigner momentanément de leurs départements.

Les explications qui précèdent vous disent assez que les mots *convaincus d'avoir pris part*....... *les chefs reconnus du socialisme,* n'entraînent pas la nécessité d'un jugement. *C'est l'appréciation administrative, substituée à l'appréciation des tribunaux, qui devra vous guider dans les indications que vous aurez à me transmettre.*

Je vous engage, d'ailleurs, à joindre à vos listes les documents que vous aurez pu recueillir sur les griefs qui auraient motivé l'inscription dans telle ou telle catégorie des individus que vous aurez à me signaler.

Je vous prie, monsieur le Préfet, de m'envoyer ces états aussi complets que possible, et dans un très-court délai. Vous comprendrez sans peine qu'il faut agir promptement et de manière à ne plus revenir sur des mesures qui jettent naturellement l'inquiétude dans les esprits, et il importe au plus haut point de n'en pas prolonger la durée.

Agréez, etc.

Le Ministre de l'Intérieur,

Signé : DE MORNY.

Paris, le 13 janvier 1852.

CIRCULAIRE

(Voyageurs du commerce)

Monsieur le Préfet, je suis informé que les voyageurs du commerce se livrent généralement à une propagande anarchique, d'autant plus dangereuse qu'elle s'exerce avec plus de facilité et d'impunité, à la faveur d'un prétexte d'affaires.

Il importe de prévenir, autant que possible, l'effet de ces manœuvres. Je vous invite, en conséquence, à donner à tous les agents placés sous vos ordres les instructions convenables pour que les démarches des voyageurs de cette catégorie soient surveillées avec le plus grand soin.

Agréez, etc.

Le Ministre de l'Intérieur,

Signé : DE MORNY.

Très-confidentielle.

Paris, le 18 janvier 1852.

CIRCULAIRE

(État nominatif des hommes compromis)

Monsieur le Préfet, par ma circulaire du 11 de ce mois j'ai réclamé de MM. les Préfets un état nominatif de tous les hommes qui, compromis par leur participation aux insurrections récentes, ou reconnus pour les chefs du socialisme, ou signalés comme violemment hostiles au Gouvernement, ou même désignés comme pouvant inquiéter l'ordre public dans leurs départements, paraîtraient devoir être soumis à des mesures de sûreté catégoriquement définies.

Dans les départements placés sous le régime de l'état

de siége, M. le Ministre de la Guerre a invité les Commissions militaires à dresser des listes séparées des individus qui doivent être envoyés pour crimes devant les Conseils de guerre, de ceux qui doivent être transportés soit à la Guyane, soit en Afrique, de ceux enfin qui doivent être mis en liberté.

De son côté, M. le Ministre de la Justice a prescrit aux Procureurs généraux de lui adresser un rapport sur chaque affaire instruite à l'occasion des derniers mouvements insurrectionnels, avant d'en laisser prononcer le renvoi en justice réglée. Par d'autres instructions, en date du 29 décembre, M. le Ministre de la Justice a également recommandé à MM. les Procureurs généraux de lui fournir, tant par des tableaux collectifs que par des rapports spéciaux, des renseignements complets sur tous les individus impliqués dans ces procédures, et il a recommandé à ces magistrats de lui faire connaître leur avis sur la convenance et l'opportunité de l'application, à chacun, d'une mesure de sûreté générale.

Le Gouvernement est appelé aujourd'hui à centraliser et apprécier ces divers documents. Afin de faciliter sa tâche, il importe que les fonctionnaires de qui ils émanent s'entendent pour les faire concorder autant que possible, et que l'autorité judiciaire, l'autorité militaire, l'autorité administrative, se concertent pour lui soumettre des propositions sur la détermination, à laquelle il lui appartiendra de s'arrêter, pour chacun des individus qui auront été signalés.

Pour arriver à ce but, voici quelles sont les instructions convenues entre mes collègues et moi :

Dans les chefs-lieux de Cour d'appel qui sont en même temps chefs-lieux de département, et lorsque le département sera soumis à l'état de siége, le Procureur général se réunira au Préfet et au Commandant militaire.

Dans les autres chef-lieux de département, également en état de siége, le Procureur de la République s'entendra avec le Préfet et le chef militaire.

Dans les chefs-lieux de département où l'état de siége n'est pas déclaré, le Procureur général et son Substitut se concerteront avec le Préfet seulement.

Ces fonctionnaires réunis compulseront tous les documents qui auront été mis à leur disposition, soit par les Parquets, soit par les Commissions militaires, soit par les administrations civiles, et, après un examen attentif de tous ces dossiers, ils proposeront l'une des mesures suivantes:

Le renvoi devant les Conseils de guerre;
La transportation à Cayenne;
La transportation en Algérie;
L'expulsion de France;
L'éloignement momentané du territoire;
L'internement, c'est-à-dire l'obligation de résider dans une localité déterminée;
Le renvoi en police correctionnelle;
La mise en liberté.

Parmi les individus classés dans l'une des catégories qui viennent d'être indiquées, ceux qui seraient repris de justice ou qui se trouveraient sous la surveillance de la haute police devront être spécialement signalés.

Dans l'accomplissement de votre mission, vous devrez vous pénétrer de la pensée du Gouvernement, qui est d'atteindre les chefs et les meneurs du parti démagogique, les organisateurs des sociétés secrètes, et non les hommes égarés momentanément par de déplorables doctrines ou qui se seraient laissé affilier à des sociétés secrètes soit par faiblesse, soit par entraînement.

Lorsque les propositions délibérées en commun par les fonctionnaires ci-dessus désignés auront été formulées et arrêtées, elles seront remises, avec les pièces et rapports à l'appui, dans les départements en état de siège, à l'autorité militaire, qui les fera parvenir au Ministre de la Guerre; dans les autres départements, au Préfet, qui les adressera au Ministre de l'Intérieur. Ces documents, centralisés, deviendront de la part du Gouvernement l'objet d'un examen général et d'une détermination définitive.

Indépendamment de ce travail adressé soit au département de la Guerre, soit au département de l'Intérieur, les chefs du parquet adresseront particulièrement au Ministre de la Justice un compte spécial des travaux auxquels vous aurez concouru.

Les instructions que renferme cette circulaire, dont je vous prie de m'accuser réception, sont également adressées par messieurs les Ministres de la Guerre et de la Justice aux Procureurs généraux et à l'autorité militaire.

Dans le travail que je vous demande, vous n'aurez point à vous préoccuper du décret du 8 décembre 1851, qui contient des dispositions exceptionnelles et temporaires prises par le Gouvernement par mesure de sûreté générale.

Agréez, etc.

Le Ministre de l'Intérieur,

Signé : DE MORNY.

R. F.

Paris, le 8 février 1852.

CIRCULAIRE

(Instructions relatives au mode de procédure à l'égard des personnes détenues)

Monsieur,

Animé du désir de mettre un terme aux difficultés qu'ont fait naître les nombreuses arrestations opérées à la suite des derniers troubles, et de voir la société délivrée des pernicieux éléments qui menaçaient de la dissoudre, le Gouvernement veut qu'il soit statué dans le plus bref délai possible sur le sort de tous les individus compromis dans les mouvements insurrectionnels ou les tentatives de désordre qui ont eu lieu depuis le 2 décembre.

Déjà, par une circulaire du 29 janvier, insérée au *Moniteur*, M. le Ministre de l'Intérieur a donné l'ordre aux Préfets de faire mettre sur-le-champ en liberté tous ceux des détenus qu'ils jugeraient avoir été seulement égarés et pouvoir être relaxés sans danger pour la sécurité publique.

MM. les Préfets se seront sans doute empressés de répondre à cet égard aux intentions du Prince-Président, et ceux qui ne l'auraient point fait encore devront prescrire l'élargissement immédiat de tous les détenus politiques susceptibles d'être mis en liberté sans autre examen, et en rendre compte dans le plus bref délai aux Ministres de la Guerre et de l'Intérieur.

Après l'exécution de cette mesure, il restera dans les prisons un certain nombre d'individus plus ou moins compromis, à l'égard desquels il convient également de prendre une prompte détermination.

Le Gouvernement a pensé que, pour concilier à la fois les intérêts de la justice, de la sûreté générale et de l'humanité, il ne pouvait mieux faire que de confier, dans chaque département, le jugement de ces inculpés à une sorte de tribunal mixte, composé de fonctionnaires de divers ordres, assez rapprochés des lieux où les faits se sont passés pour en apprécier le véritable caractère, assez haut placés dans la hiérarchie pour comprendre l'importance d'une semblable mission, en accepter résolûment la responsabilité, et offrir à la société comme aux particuliers toute garantie d'intelligence et d'impartialité.

Afin de laisser à ces Commissions départementales une entière liberté d'appréciation, toutes les autorités judiciaires, administratives ou militaires qui ont pu jusqu'ici être chargées d'informer sur les derniers événements sont dès à présent dessaisies et doivent cesser leurs opérations.

Toutes les pièces de procédures, actes d'information, procès-verbaux et autres documents recueillis dans chaque département par ces diverses autorités, seront immédiatement envoyés à la Préfecture pour y être centralisés et mis à la disposition de la Commission.

Voici maintenant comment sera composée et comment procédera cette Commission.

§ 1er.

La Commission sera composée : au chef-lieu d'une division militaire, du Commandant de la division, du Préfet et du Procureur général ou Procureur de la République ; au chef-lieu de Cour d'appel qui ne sera pas chef-lieu d'une division militaire, du Préfet, du Commandant militaire du département et du Procureur général ; dans tous les autres départements, du Préfet, du Commandant militaire et du Procureur de la République du chef-lieu.

§ 2.

La Commission ainsi composée se réunira à l'hôtel de la Préfecture. Là, elle compulsera tous les documents qui auront été mis à sa disposition soit par les parquets, soit par les commissions militaires, soit par les administrations civiles, et, après un mûr examen, elle prendra à l'égard de chaque inculpé une décision qui sera transcrite sur un registre avec les motifs à l'appui, et signée des trois membres.

Si pour quelques inculpés elle ne se trouvait pas suffisamment éclairée par les documents déjà recueillis, elle ordonnerait un supplément d'information, qui pourrait être fait indistinctement par tout agent judiciaire, administratif ou militaire.

§ 3.

Les mesures qui pourront être appliquées, suivant le degré de culpabilité, les antécédents politiques et privés, la position de famille des inculpés, sont les suivantes :

Le renvoi devant les conseils de guerre,

La transportation à Cayenne,

La transportation en Algérie — deux classes exprimées par ces mots : — plus, — moins ;

L'expulsion de France,

L'éloignement momentané du territoire,

L'internement, c'est-à-dire l'obligation de résider dans une localité déterminée ;

Le renvoi en police correctionnelle,

La mise sous la surveillance du Ministère de la Police générale,

La mise en liberté.

Toutefois, la Commission ne renverra devant les conseils de guerre que les individus convaincus de meurtre ou de tentative de meurtre, et ne prononcera la transportation à Cayenne que contre ceux des inculpés qui seront repris de justice.

Dans les départements qui n'ont pas été déclarés en état de siége, la transportation à Cayenne sera prononcée contre les individus de la première catégorie, même non repris de justice.

§ 4.

Aussitôt que les délibérations seront closes, un état des affaires sur lesquelles il aura été définitivement statué sera dressé en triple expédition et envoyé aux Ministères de la Justice, de l'Intérieur et de la Guerre.

Cet état contiendra 1° les noms et prénoms, lieu de naissance et de domicile des inculpés; 2° la décision prise à l'égard de chacun d'eux; 3° dans une colonne d'observation, un résumé succinct de la délibération, et particulièrement les motifs qui auront déterminé la Commission à placer l'inculpé dans la catégorie indiquée par la décision, de manière à ce que le Gouvernement puisse juger du mérite des classifications.

§ 5.

Les présentes instructions ont été délibérées en commun par les Ministres de la Justice, de l'Intérieur et de la Guerre; elles doivent être exécutées de concert par les fonctionnaires désignés qui dépendent des trois départements. Ces fonctionnaires auront à se pénétrer de la double pensée qui les a dictées : accord entre toutes les autorités pour concourir à une grande mesure de justice et de sûreté générale; célérité dans les décisions à prendre, afin de faire cesser au plus tôt une situation qui ne peut se prolonger davantage.

Le Gouvernement compte assez sur la haute intelligence et le dévouement des membres qui composeront les Commissions pour être convaincu qu'ils marcheront ensemble, dans une parfaite entente et avec toute l'activité dont ils sont capables, vers le but qu'il s'agit d'atteindre dans le plus court délai. Le Gouvernement désire que tout le travail soit terminé et le sort des inculpés fixé au plus tard à la fin du mois de février.

§ 6.

Ces instructions ne sont pas applicables aux départements qui composent la première division militaire.

Pour les autres départements, elles remplaceront toutes celles qui auraient pu être adressées jusqu'ici, relativement au même objet, aux chefs de la justice, de l'administration et de l'armée, et qui seront considérées dès lors comme non avenues.

Recevez, monsieur, etc.

Signé: DE PERSIGNY.

M. N.

Paris, le 9 février 1852.

CIRCULAIRE

(Colportage d'écrits séditieux)

Monsieur le Préfet, les ennemis du Gouvernement font imprimer en Belgique ou en Angleterre des écrits calomnieux, qui ont pour but d'exciter les populations au mépris et à la haine du Gouvernement et du Chef de l'État. Ces pamphlets sont introduits clandestinement en France et répandus à profusion par la malveillance.

Il importe de déjouer sans retard ces manœuvres et d'user, à l'égard de ceux qui y participent, de tous les moyens de répression dont l'autorité est investie.

Veuillez donc transmettre immédiatement aux Sous-Préfets, aux Maires, aux Commissaires de police, aux Chefs de la gendarmerie et à tous les agents placés sous vos ordres les instructions les plus rigoureuses, afin que rien ne soit négligé de ce qui pourrait mettre obstacle à un colportage aussi dangereux que coupable.

Les individus qui prendraient part à la distribution des écrits dont il est question, ceux qui les introduiraient en France ou qui les transmettraient à d'autres, devront être recherchés, arrêtés et déférés aux tribunaux, en exécution de la loi du 27 juillet 1849.

Vous auriez soin de prescrire les investigations et les visites domiciliaires quand, d'après des renseignements sérieux, elles vous paraîtraient de nature à mettre l'autorité sur la trace des coupables. Vous vous concerteriez avec la justice pour que, dans le cas où les mêmes pamphlets seraient expédiés par la poste, les saisies et perquisitions que la loi autorise fussent sans retard opérées.

Il faut, en un mot, que l'Administration se montre ferme et vigilante pour déjouer ces menées incessantes qui tendent à agiter le pays ; il faut aussi que chacun soit convaincu qu'un prompt châtiment atteindrait, quels qu'ils fussent, les auteurs ou les complices de ces manœuvres.

Je compte sur votre zèle et sur votre dévouement.

Agréez, monsieur le Préfet, etc.

Signé : DE PERSIGNY.

Paris, le 18 février 1852.

THÉATRES DES DÉPARTEMENTS

(Envoi de la Liste 1° des ouvrages dont la représentation doit être interdite sur les théâtres des départements, 2° des ouvrages dont l'examen est recommandé à l'attention des Préfets)

Monsieur le Préfet, j'ai l'honneur de vous transmettre un état contenant :

1° Les titres des ouvrages dont la représentation doit être interdite sur les théâtres des départements;

2° Les titres des ouvrages dont je recommande l'examen à votre attention : il vous appartient de juger si vous devez en permettre la représentation sur les théâtres de votre département.

Agréez, monsieur le Préfet, etc.

Signé : DE PERSIGNY.

LISTE DES PIÈCES

DONT LA REPRÉSENTATION EST INTERDITE

La Propriété, c'est le Vol.
Les quatre numéros de la Foire aux Idées.
Suffrage Premier.
Les Prétendants.
Daphnis et Chloé.
Un Coup d'État.
Monk.
La Volière politique
Le Sopha.
La Misère.
Un Enfant de Paris.
Louis XVI et Marie-Antoinette.
Le Juif errant.
Le Chevalier de Maison-Rouge, ou les Girondins.
Les Deux Serruriers.
Le Chiffonnier.
Vautrin.
L'Auberge des Adrets.
Robert-Macaire.
La République des lettres.
Le Cuisinier politique.
Le Doigt de Dieu.
La Sonnette de nuit.
Richard d'Arlington.
Charlotte Corday.
Lorenzino.
L'Homme au manteau bleu.
Antoine, ou les Trois Générations.
Aubry le Boucher.
Le Prévôt de Paris.
La Grande Dame et le Chiffonnier.
Le Mariage du Capucin.
Quitte pour la peur.
Antony.
Angèle.
Cotillon III.
Reine, Cardinal et Page.
Mariage du Capuchon.

Le Moine.
L'Incendiaire.
Le Pacte de famine.
La Mort de Figaro.
La Nonne sanglante.
Fualdès
Riche et Pauvre.
Notre-Dame des Abîmes.
Chodruc-Duclos.
Martin et Bamboche.
Camille Desmoulins.
Diogène.

Le Massacre des Innocents.
L'Abbaye de Castro.
Fabio le Novice.
Pinto.
La Tour de Nesles.
Urbain Grandier.
La Chambre ardente.
Rome.
Le Chandelier.
Une Discrétion.
Le Roi s'amuse.
La Restauration des Stuarts.

PIÈCES RECOMMANDÉES

A L'ATTENTION DE MM. LES PRÉFETS

Les Six Degrés du crime
Raphaël.
Fénelon (Tragédie).
Frétillon.

Karl, ou le Châtiment.
Le Dernier de la famille.
Les Mystères de Paris.
Catilina.

V

ÉLECTIONS LÉGISLATIVES

FÉVRIER 1852

Confidentielle.

Paris, le 8 janvier 1852.

CIRCULAIRE

Monsieur le Préfet, dans le nombre des grandes questions que le Gouvernement va bientôt avoir à résoudre, la composition des grands pouvoirs de l'État doit prendre le premier rang.

La formation du Corps législatif est donc, à ce point de vue, une de ses principales préoccupations.

Il désire y voir appeler des gens entourés de l'estime publique, plus soucieux des intérêts du pays que des luttes et des passions des partis qui s'agitent sans profit pour sa prospérité, sympathiques aux souffrances des classes laborieuses, et qui, par un bienfaisant usage de leur fortune, se soient acquis une influence et une considération méritées.

Voyez quels sont, parmi les propriétaires et les grands industriels de votre département, ceux qui vous paraissent réunir, au plus haut degré, les conditions que je vous indique.

Faites-moi connaître le résultat de vos appréciations, afin que le Gouvernement puisse signaler à la préférence des électeurs et appuyer de sa légitime influence les candidats qu'elle en aura jugés les plus dignes.

J'attends votre réponse dans le plus bref délai.

Recevez, monsieur le Préfet, l'assurance de ma considération très-distinguée.

Le Ministre de l'Intérieur,

Signé : A. DE MORNY.

Paris, le 12 janvier 1852.

NOTE TRÈS-CONFIDENTIELLE

Messieurs les Préfets sont priés d'inviter les rédacteurs de journaux de leurs départements à s'abstenir en ce moment de toute discussion au sujet des bulletins électoraux et des futures élections du Corps législatif.

Confidentielle.

Paris, le 16 janvier 1852.

CIRCULAIRE

Monsieur le Préfet, par ma circulaire du 8 janvier, je vous ai demandé de me faire connaître, dans le plus bref délai, les personnes notables de votre département qu'il vous paraîtrait désirable, dans l'intérêt du pays, de voir appeler au Corps législatif.

Je vous invite à vous expliquer, en ce qui les concerne, avec la liberté la plus complète, et à me transmettre tous les renseignements que vous jugerez propres à m'éclairer tant sur leurs titres à cette position importante que sur la sincérité et l'énergie du concours qu'ils apporteraient au Prince-Président pour l'accomplissement de sa haute mission. Les lettres que vous m'adresserez dans ce but demeureront entièrement confidentielles, et elles ne sortiront pas de mes mains.

Vous voudrez bien, au surplus, pour toutes ces communications, vous conformer avec le plus grand soin aux prescriptions de mes prédécesseurs, relatives à la correspondance confidentielle des Préfets avec le Ministre, et ne pas manquer de mettre en tête de l'enveloppe qui renfermera votre dépêche la suscription suivante : *Cabinet du Ministre.*

Recevez, monsieur le Préfet, l'assurance de ma considération distinguée.

Le Ministre de l'Intérieur,

Signé : A. DE MORNY.

Pour expédition :

LE CHEF DU CABINET.

Confidentielle.

Paris, le 18 janvier 1852.

CIRCULAIRE

Monsieur le Préfet, la Constitution porte :

Art. 34. L'élection a pour base la population.

Art. 35. Il y aura un Député au Corps législatif à raison de trente-cinq mille électeurs.

Art. 36. Les Députés sont élus par le suffrage universel, sans scrutin de liste.

Ces dispositions impliquent la formation, dans chaque département, de circonscriptions électorales comprenant chacune 35,000 électeurs au moins [1].

Occupez-vous immédiatement du travail nécessaire pour préparer la formation de ces circonscriptions.

Vous devez comprendre combien *la division plus ou moins intelligente des circonscriptions aura d'in-*

---

[1]. Lorsque le nombre des électeurs du département ne sera pas exactement divisible par 35,000, il y aura lieu de créer une circonscription de plus si la différence est de 25,000 au moins. Si l'excédant est moins élevé, il sera réparti entre les autres circonscriptions.

fluence sur les résultats des élections. Très-souvent des localités ont entre elles des rivalités. Il suffit qu'une d'elles veuille une chose pour que l'autre veuille le contraire. En détruisant l'accouplement on détruit la cause factice du dissentiment. C'est à vous à juger ces nuances et à prendre les dispositions de façon à satisfaire les populations le plus que vous pourrez. En me transmettant votre opinion sur ces divisions, donnez-moi les raisons bien déduites ; entrez avec minutie dans les détails des sentiments des populations et de la situation des candidats.

Je vous recommande de m'envoyer, dans le plus bref délai, le projet de division que vous avez arrêté.

Vous m'adresserez votre réponse sous double enveloppe et sous le timbre de la troisième division.

Recevez, monsieur le Préfet, l'assurance de ma considération très-distinguée.

Le Ministre de l'Intérieur,

Signé : DE MORNY.

Paris, le 20 janvier 1852.

CIRCULAIRE

Monsieur le Préfet, vous allez bientôt procéder aux élections du Corps législatif. C'est une opération grave, qui sera ou un corollaire ou une contradiction du vote du 20 décembre, selon l'emploi que vous saurez faire de votre légitime influence. Pénétrez-vous bien de l'idée que le suffrage universel est un élément nouveau et inconnu, facile à conquérir à un nom glorieux, unique dans l'histoire, représentant aux yeux des populations l'autorité et la puissance, mais très-difficile à fixer sur des individualités secondaires : aussi n'est-ce pas en suivant les anciens errements que vous y parviendrez.

Je désire vous faire connaître la pensée du Chef de l'État. Vous voyez que la Constitution a voulu éviter toute la partie théâtrale, dramatique, des assemblées, en interdisant la reproduction des discours. De cette façon, les membres de ces assemblées n'étant plus préoccupés de l'effet que doivent produire les paroles qu'ils prononcent à la tribune, songeront à faire sérieusement les affaires du pays.

La loi électorale prononcera des incompatibilités ; la situation des fonctionnaires dans une assemblée politique est toujours délicate : en votant dans le sens du pouvoir, ils diminuent leur propre caractère ; en votant contre lui, ils affaiblissent le principe de l'autorité. L'exclusion des fonctionnaires, la suppression de toute indemnité, doivent nécessairement limiter, dans un pays où les fortunes sont aussi divisées que dans le nôtre, le nombre des hommes qui voudront ou pourront remplir ce mandat. Néanmoins, comme le Gouvernement est fermement décidé à ne jamais user de corruption directe ou indirecte et à respecter toutes les consciences, le moyen de conserver au Corps législatif la confiance des populations est d'y appeler des hommes parfaitement indépendants par leur situation et leur caractère. Quand un homme a fait sa fortune par le travail, l'industrie, l'agriculture, s'il s'est occupé d'améliorer le sort de ses ouvriers, s'il s'est rendu populaire par un noble usage de son bien, il est préférable à ce qu'on est convenu d'appeler un homme politique, car il apportera dans la confection des lois un esprit pratique, et secondera le Gouvernement dans son œuvre de pacification et de réédification. Dès que vous m'aurez signalé, dans les conditions indiquées ci-dessus, les candidats qui paraîtront avoir le plus de chances de réunir la majorité des suffrages, le Gouvernement n'hésitera pas à les recommander directement au choix des électeurs.

Jusqu'ici l'habitude en France a été de former des comités électoraux, des réunions de délégués. Ce système était très-utile lorsque le vote avait lieu au scrutin de liste. Le scrutin de liste créait une telle confusion, une telle nécessité de se concerter, de s'entendre, que l'action d'un comité était indispensable. Mais aujourd'hui ces sortes de réunions n'auraient aucun avantage, que l'élection portera sur un seul nom; elles n'auraient que l'inconvénient de créer des liens prématurés, des droits acquis qui ne feraient que gêner les populations et leur ôter toute liberté. Veuillez donc dissuader les partisans du Gouvernement d'organiser des comités d'élection.

Autrefois, lorsque le suffrage était restreint, quand l'influence électorale était le partage de quelques familles, l'abus de ces influences était odieux. Quelques croix peu méritées, quelques places, pouvaient assurer le succès d'une élection dans un petit collége. Il était naturel que cet abus révoltât les consciences et qu'on exigeât de l'administration qu'elle s'abstînt de toute démarche ostensible. Son action, ses préférences, étaient alors occultes, et par cela même compromettaient sa dignité et son autorité. Mais aujourd'hui, par quelles faveurs s'imaginerait-on que le Gouvernement pût séduire ce nombre prodigieux d'électeurs? Par des places? L'administration de la France entière n'a pas de cadres assez vastes pour contenir la population d'un canton. Sans parler de leur honorable susceptibilité, le Trésor public tout entier n'y suffirait pas. Vous vous rappelez à quoi s'est réduit, au 10 décembre 1848, le résultat des effets de l'administration en faveur du candidat à la présidence qui occupait alors le pouvoir. C'est qu'avec le suffrage universel il n'y a qu'un ressort puissant, immense, qu'aucune main humaine ne peut comprimer ni détourner du courant qui le dirige. C'est l'opinion publique, ce sentiment imperceptible, indéfinissable, qui abandonne ou accompagne les Gouvernements sans qu'ils puissent s'en rendre compte, mais rarement à tort. Rien ne lui échappe, rien ne lui est indifférent; elle n'apprécie pas seulement les actes, elle devine les tendances; elle n'oublie rien, parce qu'elle n'a et ne peut avoir qu'un mobile, l'intérêt égoïste de chacun; elle est sensible à tout, depuis la grande politique qui émane du chef du gouvernement jusqu'aux moindres procédés des administrations locales; et l'opinion politique d'un département dépend plus qu'on ne croit de l'esprit et de la conduite de son administration. Depuis longtemps les administrations locales ont été subordonnées aux exigences parlementaires; elles s'occupaient bien plus à plaire à quelques hommes influents à Paris qu'à satisfaire les légitimes intérêts des communes et des populations. Ce temps est heureusement passé.

Faites bien comprendre à tous les fonctionnaires qu'ils doivent s'occuper avec soin des intérêts de tous, et que celui qu'il faut accueillir avec plus d'empressement et de bonté, c'est le plus humble et le plus faible. La meilleure des politiques, c'est celle de la bienveillance pour les personnes, de la facilité pour les intérêts. Que la bureaucratie ne se croie pas créée pour l'objection, l'entrave et la lenteur, tandis qu'elle ne l'est que pour l'expédition et la régularisation. Si j'attache autant d'importance à ces détails, c'est que j'ai été à même de remarquer que les agents inférieurs croient souvent grossir leur importance par des difficultés et des embarras. Ils ne savent pas ce qu'ils recueillent de malédictions et d'impopularité au Gouvernement central. Cet esprit administratif doit être inflexiblement modifié. Entrez fermement dans cette voie. Soyez sûr qu'alors, au lieu de voir dans le Gouvernement et dans l'administration locale des ennemis, le peuple n'y verra qu'un appui et un secours. Et quand vous viendrez ensuite, au nom de ce Gouvernement loyal et paternel, recommander un candidat au choix des électeurs, ils écouteront votre voix et suivront votre conseil. Toutes les vieilles accusations des oppositions tomberont devant cette politique nouvelle et simple, et l'on finira par comprendre en France que l'ordre, le travail et la sécurité ne s'établissent dans un pays, d'une manière durable, que sous un Gouvernement écouté et respecté.

Agréez, monsieur le Préfet, l'assurance de ma considération très-distinguée.

Le Ministre de l'Intérieur,

Signé : A. DE MORNY.

Pour expédition :

LE CHEF DU CABINET.

Paris, le 11 février 1852.

Monsieur le Préfet, vous connaissez par la circulaire de mon honorable prédécesseur la ligne de conduite que vous devez tenir dans les élections qui se préparent.

Ce n'est pas, comme sous les Gouvernements précédents, par des influences clandestines qui abaissent les caractères et dégradent les consciences, que vous avez à exercer votre action. Sous le Gouvernement légitime de l'Élu du peuple français, le temps des intrigues et des corruptions parlementaires est passé. Ce que vous avez à faire aujourd'hui, c'est au grand jour que vous le ferez.

Quelle est, en effet, la situation politique? Le peuple français a donné mission au neveu de l'Empereur de faire une constitution sur des bases déterminées, de former un ministère ne relevant que du Pouvoir exécutif, de créer un Sénat choisi parmi les illustrations du pays, d'organiser un Conseil d'État recruté des principales capacités politiques, enfin de convoquer un Corps législatif qui doit être élu par le suffrage universel. Par un seul vote, clair, simple, compris de tous, le peuple a donc créé lui-même tous les pouvoirs publics; et il ne lui reste plus, pour terminer son œuvre, qu'à nommer les députés au Corps législatif.

Ce second vote du peuple, quoique infiniment moins solennel que le premier, a cependant son importance. La nouvelle Constitution ne permet plus sans doute ces vaines agitations parlementaires qui ont si longtemps paralysé les forces du pays. Mais il ne suffit pas d'avoir rendu ce régime impuissant à faire le mal, il faut rendre le Gouvernement puissant pour faire le bien. Or le bien ne peut se faire aujourd'hui qu'à une condition, c'est que le Sénat, le Conseil d'État, le Corps législatif et l'Administration soient avec le Chef de l'État en parfaite harmonie d'idées, de sentiments, d'intérêts; car c'est l'unité de vues dans les pouvoirs publics qui seule constitue la force et la grandeur des nations.

Dans les élections qui se préparent, le peuple français a donc un rôle important à remplir. Mais ici, quel ne serait pas son embarras sans l'intervention du Gouvernement? Comment huit millions d'électeurs pourraient-ils s'entendre pour distinguer entre tant de candidats, recommandables à tant de titres divers et sur tant de points à la fois, deux cent soixante et un députés, animés du même esprit, dévoués aux mêmes intérêts et disposés également à compléter la victoire populaire du 20 décembre? Il importe donc que le Gouvernement éclaire à ce sujet les électeurs. Comme c'est évidemment la volonté du peuple d'achever ce qu'il a commencé, il faut que le peuple soit mis en mesure de discerner quels sont les amis et quels sont les ennemis du Gouvernement qu'il vient de fonder.

En conséquence, monsieur le Préfet, prenez des mesures pour faire connaître aux électeurs de chaque circonscription de votre département, par l'intermédiaire des divers agents de l'administration, par toutes les voies que vous jugerez convenables selon l'esprit des localités, et, au besoin, par des proclamations affichées dans les communes, celui des candidats que le Gouvernement de Louis-Napoléon juge le plus propre à l'aider dans son œuvre réparatrice.

Je vous recommande surtout, monsieur le Préfet, de mettre l'intérêt de l'État au-dessus des questions de personnes. Le Gouvernement ne se préoccupe pas des antécédents politiques des candidats qui acceptent avec franchise et sincérité le nouvel ordre de choses, mais il vous demande en même temps de ne pas hésiter à prémunir les populations contre ceux dont les tendances connues, quels que soient d'ailleurs leurs titres, ne seraient pas dans l'esprit des institutions nouvelles. Ceux-là seuls sont dignes des choix du peuple qui sont résolus et qui s'engagent à défendre son ouvrage.

Il est bien entendu, d'ailleurs, que vous ne devez rien faire qui puisse gêner ou embarrasser en quoi que ce soit l'exercice du suffrage universel. Toutes les candidatures doivent pouvoir se produire sans opposition, sans contrainte. Le Prince-Président se croirait atteint dans l'honneur de son Gouvernement si la moindre entrave était mise à la liberté des votes.

Recevez, monsieur le Préfet, l'assurance de ma considération très-distinguée.

Le Ministre de l'Intérieur, de l'Agriculture et du Commerce,

Signé : F. DE PERSIGNY.

Pour expédition :

LE CHEF DU CABINET.

Confidentielle.

Paris, le 15 février 1852.

Monsieur le Préfet, plusieurs de vos collègues me demandent comment ils doivent concilier les devoirs que leur impose la censure des journaux et publications dont ils sont encore chargés avec les recommandations faites par ma circulaire du 11 février, relativement aux professions de foi des candidats. Le voici en peu de mots :

La censure n'étant pas encore supprimée, vous devez l'exercer, comme vous l'avez fait jusqu'ici, dans la mesure de ce que vous jugerez utile au calme des esprits. Quant aux circulaires, l'intention du Gouvernement est que vous les laissiez se produire librement ; *mais il reste entendu que, si, par elles-mêmes ou par les termes de leur rédaction, elles vous paraissaient de nature à réveiller les passions politiques, elles rentreraient dans les attributions de la censure.*

Il en est des circonstances extraordinaires comme des cas judiciaires où la loi est obscure : c'est alors l'équité seule qui peut guider la justice. Le Gouvernement s'en rapporte donc à votre modération et à votre discernement, comme à votre fermeté.

Recevez, monsieur le Préfet, l'assurance de ma considération très-distinguée.

Le Ministre de l'Intérieur,

DE PERSIGNY.

Pour ampliation :

Le Chef du Cabinet,

THÉOPHILE DE MONTOUR.

VI

VOYAGE

DU PRÉSIDENT DE LA RÉPUBLIQUE

DANS LE MIDI DE LA FRANCE

SEPTEMBRE ET OCTOBRE 1852

Confidentielle.

Paris, le 12 juillet 1852.

VOYAGE DU MIDI

Attitude des fonctionnaires)

Monsieur le Préfet, j'apprends que dans certains départements l'attitude de quelques fonctionnaires est douteuse; quelques-uns même entravent l'action politique du Préfet au lieu de la seconder. Cette situation est anormale; votre devoir est de me la signaler.

Faites-moi donc connaître dans un rapport spécial quels sont les agents du Gouvernement qui ne vous prêtent pas un concours sans réserve : corroborez votre opinion de quelques faits. J'aurai soin d'appeler l'attention du Prince-Président sur un état de choses contraire à la bonne administration du pays.

Agréez, etc.

Signé : DE PERSIGNY.

Paris, le 31 août 1852.

VOYAGE DU MIDI

Monsieur le Préfet, par ma circulaire du 2 avril dernier, je vous ai invité à faciliter les démarches des correspondants de M. Plon auprès des maires de votre département, à l'effet de placer dans toutes les communes de France le portrait du Prince-Président, gravé par Janet-Lange, et dont M. Plon est l'éditeur.

J'ai lieu de craindre que, dans quelques départements, les Sous Préfets n'aient été laissés sans instructions à cet égard.

Je viens donc vous prier de nouveau d'exprimer à MM. les Sous-Préfets le désir qu'il leur soit possible de faire, pour chaque mairie de leur arrondissement, l'acquisition d'un exemplaire du portrait de Son Altesse.

J'aime à penser que jusqu'à ce jour les correspondants de M. Plon se sont acquittés auprès des fonctionnaires de la mission qui leur est confiée, sans employer aucun moyen d'intimidation, comme il est arrivé pour plusieurs propagations de même genre encouragées par l'administration supérieure. S'il arrivait cependant à votre connaissance qu'il en fût autrement, vous auriez à prendre les mesures nécessaires pour réprimer et empêcher un pareil abus.

Recevez, monsieur le Préfet, etc.

Signé : DE PERSIGNY.

Paris, le 5 septembre 1852.

VOYAGE DU MIDI

Monsieur le Préfet, dans le voyage qu'il se propose de faire, le Prince désire être entouré non-seulement des fonctionnaires, mais encore de tous ceux qui, par leurs antécédents et la considération dont ils jouissent, exercent de l'influence dans le département.

En conséquence, veuillez, je vous prie, rechercher les noms de toutes les personnes importantes de votre pays, dont il pourrait être utile au Prince de faire la connaissance.

A côté du nom de ces personnes, vous devrez inscrire les précédents administratifs, politiques, littéraires, industriels, scientifiques ou militaires qui peuvent les signaler à l'attention du Prince et mériter de sa part quelque témoignage de souvenir.

Ces listes devront être rédigées sans acception de

parti, mais avec indication de la nuance à laquelle appartient chacune des personnes qui y figureront.

Comme vous devez aller recevoir le Prince à la limite de votre département, vous aurez soin d'apporter cette liste avec vous et de la soumettre immédiatement au Prince-Président.

Vous comprendrez, monsieur le Préfet, l'intérêt que peuvent offrir ces listes au Prince pendant son voyage. Je n'ai donc pas besoin de les recommander d'une manière toute particulière à votre attention.

Vous voudrez bien m'en renvoyer un double.

Recevez, etc.

Signé : DE PERSIGNY.

L. O.
Confidentielle.

Paris, le 6 septembre 1852.

VOYAGE DU MIDI

Monsieur le Préfet, j'ai l'honneur de vous transmettre les instructions suivantes pour la réception, par le Prince-Président, des autorités civiles et militaires de votre département, et sur lesquelles j'appelle toute votre attention.

Contrairement à ce qui s'est pratiqué jusqu'à ce jour

en pareille circonstance, vous ne devez pas faire défiler les corps constitués et les autorités devant S. A. I.[1] Le Prince désire passer devant elles, et non les voir passer devant lui. Il trouve avec raison, dans ce mode, l'avantage de pouvoir s'arrêter devant les corps ou devant les personnes que vous pourrez lui signaler, quand il jugera convenable de leur accorder cette faveur.

En conséquence, vous les réunirez par ordre de préséance dans un salon; le Prince, accompagné de son état-major, viendra d'un salon adjacent et passera devant elles.

Recevez, etc.

Signé: DE PERSIGNY.

V.
Confidentielle.

Paris, le 7 septembre 1852.

VOYAGE DU MIDI

Monsieur le Préfet, un des objets importants que se propose le Prince-Président dans son voyage, c'est de voir et de remercier, par sa présence, les nombreuses populations rurales qui l'ont élevé sur le pavois. Plusieurs Préfets ont eu l'idée d'organiser dans chaque

---

1. *Impériale* est ici prématuré. (*N. de l'éd.*)

ville où s'arrêtera le Prince une espèce de *Revue civile* qui serait formée par les habitants des campagnes ayant à leur tête les Maires, Adjoints et Conseillers municipaux, avec des drapeaux, devises ou bannières, au nom de chaque commune. Cette idée a été agréée par le Gouvernement, et, en conséquence, je vous engage à prendre les dispositions nécessaires pour organiser cette revue au passage du Prince dans votre ville.

Recevez, etc.

Signé : DE PERSIGNY.

Paris, le 17 septembre 1852.

VOYAGE DU MIDI

CIRCULAIRE

(Demande de renseignements confidentiels sur la composition des Conseils généraux.)

Monsieur le Préfet, je vous prie de m'adresser, le plus promptement possible, des renseignements confidentiels sur la composition du Conseil général de votre département. Ces renseignements, qui devront être d'une scrupuleuse exactitude, ont pour but de faire connaître au Gouvernement et de lui permettre d'apprécier les hommes les plus distingués et les plus influents de la France.

Vous voudrez bien m'envoyer un état nominatif des membres composant le Conseil général de votre département. Cet état indiquera les nom, profession et âge de chacun d'eux. La liste sera dressée, autant que possible, en suivant le degré d'influence qu'ils exercent dans le conseil.

Dans des colonnes spéciales, vous me ferez connaître les antécédents, la position de famille et de fortune, le caractère et la portée d'intelligence des membres les plus distingués, et l'influence morale et politique qu'ils peuvent avoir dans leurs cantons, dans le département et même en dehors du département.

Je désire que vous apportiez tous vos soins à ce travail.

Veuillez m'accuser réception de la présente circulaire.

Recevez, etc.

Signé : DE PERSIGNY.

NOTA. — Ne pas omettre d'indiquer si les membres nommés étaient les candidats de l'Administration, acceptés ou combattus par elle.

Paris, le 30 septembre 1852.

VOYAGE DU MIDI

Monsieur le Préfet, le voyage que le Prince-Président a entrepris, et qu'il poursuit en ce moment aux acclamations de la France entière, est un de ces événements qui doivent laisser des traces durables dans le souvenir et le cœur du peuple. L'acte est si grand par lui-même et s'accomplit dans des conditions si glorieusement exceptionnelles, que tous les faits qui s'y rattachent ont leur signification et leur importance. Aussi est-ce un devoir pour le Gouvernement de les enregistrer avec la plus scrupuleuse exactitude et de s'entourer des documents les plus complets pour écrire et livrer à la mémoire du peuple une des plus belles pages de notre histoire.

Je vous invite, en conséquence, monsieur le Préfet, à recueillir et à m'adresser les détails les plus circonstanciés sur tout ce qui se rapportera au passage du Prince dans votre département. Vous devrez me signaler les communes où il se sera arrêté, les députations qu'il aura trouvées au-devant de lui, les établissements publics ou particuliers qu'il aura visités, etc., etc.

Mais ce que je vous recommande le plus spécialement, c'est de me faire connaître les noms des maires, conseillers généraux ou municipaux, fonctionnaires, industriels, artistes, ouvriers, cultivateurs, anciens militaires, et sans exception de tous ceux qui auront eu l'honneur d'avoir quelques rapports avec le Prince. Le Gouvernement tient particulièrement à ce que le nom d'aucun de ceux qui ont pris une part, même modeste, aux événements de ce glorieux voyage ne soit perdu pour l'histoire. Il veut que tous ces documents, pleins d'un intérêt vraiment national, forment un tout complet, qui restera dans chaque département comme une des pièces les plus précieuses de ses archives.

Vous serez heureux, monsieur le Préfet, de vous associer à cette pensée; je compte sur votre concours pour la réaliser dans un bref délai.

Recevez, etc.

Signé : DE PERSIGNY.

VII

PLÉBISCITE

DU 2 DÉCEMBRE 1852

Paris, le 15 novembre 1852.

(Duplicata de la dépêche télégraphique. Circulaire du 15 novembre)

Monsieur le Préfet, prenez vos dispositions pour assurer, après le vote du 22, la transmission la plus rapide possible des procès-verbaux de votes. Dans ce but, vous pouvez autoriser les Maires des communes à envoyer par un exprès, aussitôt le recensement des votes, les procès-verbaux au Maire du chef-lieu de canton qui devra les transmettre immédiatement au Sous-Préfet par la gendarmerie.

Vous pouvez même autoriser les Maires des chefs-lieux de canton à vous les envoyer directement, également par la gendarmerie.

Réglez ce service d'avance et avec soin, d'après la position géographique et la direction des routes, et n'attendez pas, pour envoyer les résultats au président du Corps législatif, que les procès-verbaux retardataires soient tous arrivés.

Cette instruction n'a rien d'absolu quant aux détails. Il suffit que vous vous pénétriez de l'importance que le Gouvernement attache à la rapidité des envois, le Corps législatif étant convoqué pour le 25.

Recevez, etc.

Signé : DE PERSIGNY.

Paris, le 27 novembre 1852.

PROCLAMATION DE L'EMPIRE.

Monsieur le Préfet, le résultat du vote pour le rétablissement de l'Empire n'est point encore complétement connu, mais il dépassera de quatre à cinq cent mille voix le vote du 20 Décembre.

La proclamation de Napoléon III aura lieu à Paris, le jeudi 2 Décembre. Prenez dès aujourd'hui vos dispositions pour qu'elle ait lieu en place publique, le dimanche 5 Décembre, dans toutes les communes de votre département, ou le dimanche suivant dans les communes où la nouvelle ne pourrait arriver à temps. A cet effet, concertez-vous avec les autorités civiles ou militaires.

La proclamation devra être faite, en présence de toutes les autorités, par les Préfets dans le chef-lieu du département, par les Sous-Préfets dans les chefs-lieux d'arrondissement, et dans les autres communes par les Maires assistés de leurs Conseils municipaux. Les troupes et la garde nationale seront sous les armes.

Quant à ce qui concerne l'autorité religieuse, le Gouvernement sera toujours touché du concours spontané du clergé; mais aujourd'hui il ne s'agit encore que de la proclamation politique du rétablissement de l'Empire, les cérémonies religieuses officielles devront être réservées pour une autre époque.

Recevez, etc.

Signé : DE PERSIGNY.

Paris, le 2 décembre 1852.

Monsieur le Préfet, la proclamation du rétablissement de l'Empire doit consister uniquement dans la lecture faite à haute voix, par les Préfets, Sous-Préfets et Maires, du décret de proclamation que je vous ai envoyé et qui sera précédé de ces mots : Proclamation du rétablissement de l'Empire. Vous pourrez vous dispenser de lire le dernier paragraphe : « Mandons et ordonnons, etc. » Dans les lieux où il y aura de la troupe, vous ferez ouvrir le ban avant et le fermer après la proclamation.

Je reçois l'avis que sur plusieurs points les autorités religieuses ont décidé, d'elles-mêmes, qu'un Te Deum serait chanté le dimanche 5. Je n'ai pas besoin de vous dire que dans ce cas vous devez prêter au clergé le concours le plus empressé.

Recevez, etc.

Signé : DE PERSIGNY.

Paris, le 2 décembre 1852.

(Duplicata de la dépêche télégraphique. Circulaire du 2 décembre, à 3 h. 5o m.)

Monsieur le Préfet, la proclamation du rétablissement de l'Empire a eu lieu ce matin, à dix heures, sur la place de l'Hôtel-de-Ville, avec une grande solennité, aux bruits des salves d'artillerie et des acclamations sympathiques du peuple.

A une heure, l'Empereur a fait, à cheval, son entrée solennelle à Paris, en passant par l'arc de triomphe de l'Étoile. Sa Majesté, précédée de sa maison militaire, était accompagnée du Ministre de la Guerre et du Ministre de l'Intérieur et suivie d'un brillant état-major, la troupe de ligne et la garde nationale bordant la haie. Une foule immense et enthousiaste se pressait à sa rencontre aux cris de : « Vive l'Empereur ! Vive Napoléon III ! »

Sa Majesté est arrivée aux Tuileries en passant par le jardin, puis Elle s'est rendue sur le Carrousel où Elle a passé en revue les troupes de la 1re division militaire.

Après la revue, l'Empereur est entré au palais des Tuileries, où l'attendaient S. A. I. le prince Jérôme, le prince Napoléon Bonaparte, les membres de sa Famille et les Ministres.

Pendant ce temps, toutes les troupes se formaient en carré sur la place du Carrousel et la garde nationale sur la place de la Concorde, pour entendre la proclamation du rétablissement de l'Empire qui a été faite, à l'armée par le Ministre de la Guerre et à la garde nationale par le Ministre de l'Intérieur.

Sa Majesté s'est présentée plusieurs fois aux fenêtres du palais et a été saluée par les plus vives acclamations.

Ce soir, tout Paris sera illuminé.

Demain, l'Empereur doit visiter l'Hôtel-Dieu et le Val-de-Grâce.

Recevez, etc.

Signé : DE PERSIGNY.

Paris, le 3 décembre 1852.

(Duplicata de la dépêche télégraphique. Circulaire du 3 décembre, 3 h. 35 m.)

Monsieur le Préfet, il y a eu hier soir grande réception aux Tuileries.

L'Empereur a reçu les félicitations des grands corps de l'État, de l'Archevêque de Paris et de son clergé, de la Magistrature, des Officiers généraux de terre et de mer et des hauts fonctionnaires de l'Administration.

Sa Majesté a passé plusieurs fois dans les salons, témoignant à plusieurs reprises le plaisir qu'Elle éprouvait de l'empressement sympathique dont Elle était l'objet.

Ce matin, l'Empereur, accompagné du maréchal Ministre de la Guerre et du Ministre de l'Intérieur, a visité l'Hôtel-Dieu et le Val-de-Grâce ; l'Archevêque a reçu à l'Hôtel-Dieu Sa Majesté qui, après sa visite, s'est rendue à Notre-Dame.

Quoique Sa Majesté eût donné l'ordre qu'aucun appareil extérieur ne signalât cette visite, la population de ces quartiers, accourue sur son passage, s'est précipitée autour d'Elle et l'a saluée des plus ardentes acclamations.

L'Empereur, outre différents secours donnés de sa main, a laissé une somme considérable au Directeur de ces deux hospices pour être distribuée aux malades.

Recevez, etc.

Signé : DE PERSIGNY.

Paris, le 22 décembre 1852.

Monsieur le Préfet, j'ai sous les yeux une brochure portant pour titre : « Grand Almanach populaire pour 1852 », qui contient les notions les plus saines et des indications d'une utilité pratique incontestable sur l'économie politique, l'agriculture, l'industrie, l'administration, ainsi que le texte des lois et décrets qui ont pour objet d'améliorer le sort des populations laborieuses.

Les funestes doctrines répandues dans les campagnes par les écrits anarchiques, le désordre moral et les crimes qui en ont été la conséquence, appellent, de la part de l'administration, une intervention énergique en faveur des bonnes doctrines et des principes sociaux.

Cette intervention peut s'exercer efficacement au moyen de publications, de brochures à bon marché, encouragées et au besoin payées par l'administration.

L'initiative a déjà été prise dans plusieurs départements ; dans Seine-et-Oise, le Conseil général a voté une allocation de 300 fr. pour encourager la publication de l'*Almanach populaire* dont je viens de parler.

Je vous en adressse un exemplaire.

Vous aurez à le signaler à l'attention du Conseil général et à celle de toutes les administrations municipales de votre département ; en un mot, vous ne négligerez rien pour que cette utile publication se répande le plus possible.

L'Almanach populaire se vend chez Pillet fils aîné, libraire-éditeur à Paris, rue des Grands-Augustins, 5, au prix de 25 centimes.

Il est bien entendu que la couverture porterait le nom de chaque département.

Recevez, etc.

Signé DE PERSIGNY.

VIII

ÉLECTIONS LÉGISLATIVES

DE 1857

Paris, le 3o mai 1857.

Monsieur le Préfet, aux termes de la Constitution et du décret du 29 mai, le Corps législatif, nommé en 1852, a fini sa mission. Le pays va élire de nouveau ses députés. L'Empereur appelle au scrutin neuf millions d'électeurs, et leur demande à tous un vote libre et loyal. Il faut que dans cette circonstance, pour vous guider vous-même et pour guider les autres, vous sachiez bien quelle sera l'attitude du Gouvernement, quels principes dirigeront sa conduite. Un Gouvernement fort et populaire dit nettement ce qu'il pense et ce qu'il veut : pour les élections, ce que veut l'Empereur, c'est la pratique libre et sincère du suffrage universel. Les listes électorales ont été dressées largement, libéralement. Tout ayant droit a pu s'y faire admettre : 9,521,220 citoyens y ont été inscrits. Au jour de l'élection, le vote sera secret, et les scrutins seront dépouillés sous les yeux de tous. La vérité et l'indépendance du suffrage sont donc garanties.

En présence de cette liberté assurée pour chacun, et lorsque, candidats et électeurs, tous pourront proclamer leur préférence, le Gouvernement ne saurait seul rester muet et indifférent. Il dira au pays quels noms ont sa confiance et lui semblent mériter celle des populations; comme il propose des lois aux députés, il proposera les candidats aux électeurs, et ceux-ci feront leur choix.

Se prévalant d'un dévouement déjà ancien et éprouvé, ou se ralliant avec loyauté à une dynastie qui fait la gloire et le salut du pays, un grand nombre d'hommes, éminents par leur fortune, leurs services, la juste considération qui les entoure, ont sollicité des candidatures officielles. Mais la France n'a pas oublié les paroles du discours du Trône à l'ouverture de la session de 1857 : « Puisque cette session est la dernière de votre législature, disait l'Empereur aux députés, permettez-moi de vous remercier du concours si dévoué et si actif que vous m'avez prêté depuis 1852. Vous avez proclamé l'Empire ; vous vous êtes associés à toutes les mesures qui ont rétabli l'ordre et la prospérité dans le pays ; vous m'avez énergiquement soutenu pendant la guerre ; vous avez partagé mes douleurs pendant l'épidémie et pendant la disette ; vous avez partagé ma joie quand le Ciel m'a donné une paix glorieuse et un Fils bien-aimé ; votre coopération loyale m'a permis d'asseoir en France un régime basé sur la volonté et les intérêts populaires. C'était une tâche difficile à remplir, et pour laquelle il fallait un véritable patriotisme, que d'habituer le pays à de nouvelles institutions. Remplacer les licences de la tribune et les luttes émouvantes qui amenaient la chute ou l'élévation des ministères par une discussion libre, mais calme et sérieuse, était un service signalé rendu au pays et à la liberté même, car la liberté n'a pas d'ennemis plus redoutables que les emportements de la passion et la violence de la parole... » Cet éclatant témoignage résumait six années de dévouement : aussi, sauf quelques exceptions commandées par des nécessités spéciales, le Gouvernement a considéré comme juste et politique de présenter à la réélection tous les membres d'une assemblée qui a si bien secondé l'Empereur et servi le pays.

En face de ces candidatures hautement avouées, résolûment soutenues, les candidatures contraires pourront librement se produire. On a, dans ces derniers temps, calomnié notre législation sur la distribution des bulletins de vote; les règles en sont cependant simples et libérales : pendant les vingt jours qui précèdent l'élection, tout candidat qui aura soumis à la formalité du dépôt légal un exemplaire signé de lui de ses circulaires, profession de foi ou bulletins de vote, pourra, sans qu'il soit besoin d'aucune autorisation, les faire afficher et distribuer en pleine liberté; tout électeur qui, non content d'écrire ou de faire écrire son vote, et d'exercer ainsi un droit individuel, voudra propager une candidature, en pourra librement distribuer les bulletins, si sur l'un de ces bulletins, légalement déposé, la signature du candidat constate son assentiment. Certes, dans ces conditions, l'on peut dire que l'éligible et l'électeur auront une entière liberté, l'un pour se produire, l'autre pour exprimer son choix et le proposer à ses concitoyens. Si cependant les ennemis de la paix publique croyaient trouver dans cette latitude l'occasion d'une protestation séditieuse contre nos institutions, s'ils tentaient d'en faire un instrument de trouble ou de scandale, vous connaissez vos devoirs, monsieur le Préfet, et la justice saurait aussi sévèrement remplir le sien. Mais ces excès ne se produiront pas. Vinssent-ils à se produire, leur répression ne portera aucune atteinte à la liberté du suffrage universel : trois fois sacré par lui, l'Empereur l'invoque toujours avec confiance. Quand, en 1851 et 1852, huit millions de suffrages lui livraient la couronne et les destinées du pays, il y avait dans ce vote éclatant cet amour mêlé d'orgueil que la France retrouvait au fond de ses entrailles pour la dynastie des Napoléon ; il y avait entre elle et eux le sentiment d'une solidarité indissoluble de gloire et de malheur ; il y avait aussi la peur de l'anarchie et l'espérance d'un gouvernement fort et ami du peuple. Aujourd'hui, c'est toujours le même prestige populaire autour des Bonaparte; mais il y a de plus six années d'une administration féconde et glorieuse ; les palmes de la guerre et les fruits de la paix, une immense prospérité matérielle rehaussée par un merveilleux sentiment de notre grandeur nationale. La réalité a dépassé les espérances. De tels résultats, qui devraient convaincre et rallier tous les esprits élevés, sont parfaitement compris par les loyaux travailleurs de nos campagnes, par les intelligents ouvriers de nos villes. Cette masse d'hommes laborieux, qui forme la large base du suffrage universel, a le *sentiment profond de la préoccupation incessante* de l'Empereur pour elle et des grandes choses qu'il fait pour le pays. *Appelez-les tous au scrutin, monsieur le Préfet, ils ont fait l'Empire, ils l'aiment, ils sauraient au besoin le défendre.* Pleins de confiance dans l'homme de leur choix, ils s'en rapportent à lui et s'abstiendraient volontiers de prendre part aux votes que leur demande périodiquement le jeu régulier de la Constitution ; pressez-les de venir nommer leurs députés; dites-leur bien qu'il importe de prouver encore une fois par la masse de leurs suffrages toute la force de ce Gouvernement qu'ils ont fondé. L'imperceptible minorité des partis hostiles, si elle ose se produire, se noiera dans cette immense manifestation populaire, et ce sera pour le monde un grand et éloquent spectacle que celui de 9 millions d'électeurs, dans ce pays naguère si facile à troubler, venant paisiblement, à la voix de l'Empereur, donner, pour six nouvelles années, à leurs mandataires, la mission de le seconder fidèlement dans ses constants efforts pour la gloire et la prospérité de la France.

Ces considérations générales vous guideront, monsieur le Préfet, dans la direction des opérations électorales; des instructions de détail vous seront prochainement envoyées, et s'il se présente des circonstances spéciales, vous aurez à m'en référer.

Recevez, monsieur le Préfet, etc.

Le Ministre de l'Intérieur,

Signé : BILLAULT.

Très-confidentielle.

Paris, le 1ᵉʳ juin 1857.

Monsieur le Préfet, aux instructions générales contenues dans ma circulaire du 30 mai sur les élections, je dois, pour les détails de la conduite à tenir par l'administration, ajouter quelques indications spéciales.

Je vous ai fait connaître les candidats auxquels, dans votre département, le Gouvernement donne son appui. Vous les patronnerez ouvertement et vous combattrez sans hésitation toute candidature contraire, non-seulement s'annonçant comme hostile, mais même se présentant comme dévouée. Éligibles ou électeurs, les amis du Gouvernement comprendront qu'il ne faut pas laisser diviser leurs voix.

Vous donnerez aux candidats de l'administration toutes les facilités officielles et officieuses possibles.

Les fonctionnaires dépendant des divers ministères recevront de leurs supérieurs l'invitation de seconder votre action ; ceux qui sont placés directement sous vos ordres vous doivent un concours actif et résolu.

Les règles pour la distribution des bulletins sont clairement posées dans ma circulaire du 30 mai. Les distributions que vous aurez autorisées ne sont pas astreintes au dépôt légal. Quant à celles qui, soit qu'on ne vous ait pas demandé pour elles l'autorisation, soit que vous ayez cru devoir la refuser, auront été l'objet d'un dépôt au parquet, vous veillerez strictement à ce qu'elles ne puissent être faites sur aucun point du département sans la justification de cette formalité.

Si des circulaires, professions de foi ou bulletins séditieux étaient colportés ; s'il vous apparaissait qu'il y eût danger soit de scandale, soit de trouble public, vous vous concerteriez immédiatement avec le Procureur impérial, vous prendriez d'urgence les mesures préventives nécessaires et vous m'en référeriez.

Les journaux dont l'administration dispose devront soutenir ses candidats et combattre, s'il y a lieu, leurs adversaires, mais avec habileté et modération. Vous demanderez la même modération aux journaux opposants : ni le panégyrique de leurs candidats, ni la faculté de discuter leurs adversaires ne sont interdits ; mais l'injure, la violence, l'appel aux mauvaises passions devront être sévèrement réprimés. Les lois sur la presse conservent toute leur vigueur et, le cas échéant, vous ne devez pas hésiter à en faire usage.

Chaque candidat pouvant librement faire afficher et distribuer ses circulaires et profession de foi, les réunions électorales n'auraient pas d'utilité réelle et ne sauraient avoir pour but que d'exciter et d'agiter les esprits ; vous ne les permettrez pas.

Vous ne tolérerez pas davantage les organisations de comités électoraux. Tous ces moyens artificiels de propagande électorale n'ont d'autre résultat que de substituer l'influence de quelques meneurs au bon sens impartial des masses.

Je n'ai pas besoin de vous répéter que, dans cette double mission de patronner nos candidats, de combattre leurs concurrents, l'administration doit toujours être loyale ; mais elle doit aussi être ferme et résolue, agissante. Pas d'inertie, mais pas d'efforts inutiles. Proportionnez l'énergie des moyens à la force de la difficulté, et là où il sera nécessaire d'agir avec vigueur, soyez assuré que vous serez soutenu.

Recevez, monsieur le Préfet, etc.

Signé : BILLAULT.

Très-confidentielle

Paris, le 2 juin 1857.

Monsieur le Préfet, il s'est élevé un doute sur la question de savoir à quel parquet devaient être déposés les circulaires, professions de foi et bulletins de vote.

Si la circonscription électorale ne comprend qu'un seul arrondissement, c'est naturellement au parquet du chef-lieu que le dépôt doit être fait ; si plusieurs chefs-lieux y sont compris, le dépôt peut être opéré indistinctement *dans l'un ou dans l'autre de ces chefs-lieux*. Mais, comme il importe que les Sous-Préfets des arrondissements et vous-même en soyez immédiatement informés, je me suis concerté à cet effet avec M. le Ministre de la Justice, et mon collègue va transmettre à MM. les Procureurs impériaux les instructions nécessaires pour qu'aussitôt après chaque dépôt effectué ils en avisent sans retard *le Préfet et les Sous-Préfets* que ces dépôts *peuvent* intéresser.

Ma circulaire confidentielle d'hier vous a donné mes instructions au sujet des comités électoraux. C'est surtout par la voie de l'influence et de la persuasion que vous devrez empêcher la formation de ces comités. Si vous rencontriez des difficultés à cet égard, ne prenez aucune mesure répressive avant de m'en avoir préalablement référé.

Recevez, etc.

Le Ministre de l'Intérieur,

Signé : BILLAULT.

Paris, le 3 juin 1857.

CIRCULAIRE

(Élections législatives. — Frais d'impression)

Monsieur le Préfet, aux termes de ma circulaire du 30 mai dernier, l'instruction sur les opérations électorales doit être déposée sur le bureau de toutes les assemblées.

Vous aurez donc à la faire imprimer pour en transmettre un nombre d'exemplaires suffisant dans toutes les communes.

Cette instruction, ainsi que diverses autres pièces qui doivent être également déposées dans les salles d'élection, peuvent être réunies en cahier et former un numéro du Bulletin des Actes administratifs. En adoptant ce mode, vous réduirez notablement les frais d'impression.

Vous aurez aussi à faire imprimer et distribuer, dans la mesure que les circonstances rendront utile, les bulletins des candidatures officielles.

Les dépenses résultant de ces impressions diverses sont une charge du fonds d'abonnement de la Préfecture; cependant je ne ferais pas de difficulté d'en prendre une partie au compte de mon Ministère, si l'insuffisance des ressources de votre Préfecture m'était démontrée.

Recevez, etc.

Le Ministre Secrétaire d'État au département de l'Intérieur.

Signé : BILLAULT.

Pour expédition :
Le Chef de la Division d'Administration générale et départementale.
DUPUIS.

Confidentielle.

Paris, le 11 juin 1857.

(Élections législatives. — Instructions)

Monsieur le Préfet, plusieurs de vos collègues me demandent quelle doit être l'attitude de l'administration à l'égard des Maires qui se présentent aux électeurs ou qui patronnent auprès d'eux des candidats en opposition avec les candidats du Gouvernement.

Les principes qui doivent vous guider sont bien simples.

Tous les citoyens ont, de leur chef, en matière électorale, le même droit et une égale liberté. Je vous ai déjà fait connaître que le Gouvernement entendait qu'on en respectât le loyal exercice.

Mais les fonctionnaires ont, en outre, et à ce titre spécial, des devoirs à remplir. Le premier de ces devoirs consiste à ne pas se servir contre les vues du Gouvernement de l'influence et de l'autorité que leur donnent les fonctions qu'ils tiennent de sa confiance.

Ce ne serait plus là l'exercice loyal d'une liberté civique : ce serait l'abus de la puissance publique au profit d'une opinion privée, ce serait l'anarchie dans l'administration du pays.

Vous devez ne rien négliger pour faire comprendre aux Maires dont l'opposition vous serait signalée que cette situation est incompatible avec leurs devoirs comme fonctionnaires, et que, s'ils y persistaient, les exigences de la loyauté la plus vulgaire leur commanderaient de donner leur démission.

Si, après avoir épuisé tous les moyens de persuasion, vous n'aviez pu les amener à renoncer soit à leur opposition, soit à leurs fonctions et à l'influence qu'elles leur prêtent, vous examineriez, au point de vue du succès des candidatures officielles, s'il y aurait nécessité de recourir contre eux à des mesures administratives.

Parfois un acte de rigueur, même le *plus légitime, produit sur l'opinion un effet* tout contraire à celui qu'on voulait obtenir. La question ne peut se résoudre que par l'appréciation politique de la situation locale. S'il vous semblait qu'il y eût nécessité ou même utilité évidente, vous n'hésiteriez pas à suspendre le Maire qui, persistant à combattre l'action du Gouvernement, ne pourrait loyalement conserver un pouvoir dont il n'a été investi que pour la seconder.

Quant à la révocation, c'est une mesure grave qui ne

doit être prise qu'exceptionnellement et en cas de nécessité absolue ; si ce cas se présentait, vous m'en réfèreriez immédiatement.

Recevez, etc.

Le Ministre Secrétaire d'État au département de l'Intérieur.

Signé : BILLAULT.

Paris, le 19 juin 1857.

Monsieur le Préfet, il ne suffit pas que le suffrage universel soit libre, il faut aussi qu'il soit éclairé. La loi, en accordant aux candidats, pendant les vingt jours qui précèdent le scrutin, des facilités exceptionnelles pour se produire et s'expliquer en liberté, a voulu que le pays pût ainsi se décider avec connaissance de cause. Nous touchons au terme de cette période d'instruction et de débats. L'administration a scrupuleusement veillé au maintien des franchises de tous ; quelques-uns ont tenté d'en abuser, et, sous prétexte de colportage des bulletins, ont voulu raviver dans les masses le levain des vieilles passions démagogiques. Le Gouvernement qui, s'il le fallait, saurait bien montrer qu'il n'a rien perdu de sa force ni de son énergique volonté pour le maintien de la paix publique, a laissé passer ces impuissantes folies. Il n'a pas voulu donner le prétexte, même le plus léger, à la mauvaise foi pour calomnier la liberté que nos lois assurent à la lutte électorale. Candidats, journalistes, instigateurs ou propagateurs de candidatures, tous ont écrit et agi librement. C'est maintenant au pays de se recueillir et d'émettre son vote. Tout le monde lui a dit son avis : le Gouvernement lui doit le sien, et vous charge, monsieur le Préfet, de le faire bien connaître dans toutes vos communes.

Au milieu de ce grand apaisement des esprits produit et maintenu par la vigueur du pouvoir impérial, par la confiance absolue que le Peuple a dans l'Empereur ; en présence de la mesure générale qui proposait, pour la réélection, tous les députés dont le loyal concours à la chose publique offrait dans le passé la garantie de l'avenir, il semblait qu'à part quelques prétentions individuelles sans portée politique, aucun dissentiment grave n'agiterait le scrutin. Mais un petit nombre d'hommes, se posant exclusivement comme démocrates en face d'un Gouvernement assis sur la base la plus démocratique qui ait jamais existé, ont jugé à propos d'engager la lutte. S'abritant sous une formule de libéralisme assez vague pour que son élasticité les sauvât du danger de leurs propres dissidences, ils ont tenté de suppléer au nombre par l'activité, et fait des efforts inouïs pour susciter partout des candidats opposants. Mais quel est donc le vrai but de cette opposition ? Il faut que le pays le sache ; il faut, monsieur le Préfet, que vous le fassiez bien comprendre aux populations.

La plupart des candidats que l'on a fait surgir professaient autrefois les idées républicaines ou socialistes, et certes aucun d'eux ne déclarerait aujourd'hui qu'il les a répudiées. Que veulent-ils donc ? Présenter de nouveau la question de la République au suffrage universel qui l'a trois fois solennellement condamnée ? Cela n'est pas sérieux. Prêter serment à l'Empire et, se soumettant à la Constitution, remplir loyalement le mandat de député ? Personne ne le croira. Dès lors que reste-t-il ? Essayer de semer le trouble et l'agitation, d'embarrasser l'action de l'Empereur, et d'affaiblir au dedans et au dehors le sentiment que l'Europe entière a de sa puissance, le prestige avec lequel il a tant fait depuis six ans pour la gloire et la prospérité du pays. Mais ils n'y réussiront pas. Leurs efforts se briseront contre ces masses électorales dont le bon sens et le patriotisme ont fondé l'Empire. Il suffira pour cela qu'elles se présentent en face d'eux au scrutin. Expliquez bien, monsieur le Préfet, comment ils ont posé la question. Un de leurs journaux a dit qu'elle serait résolue *par le pays centralisé à Paris*. Paris trompera leur espoir, et les trois cent cinquante mille électeurs du département de la Seine ne se sépareront pas des neuf millions d'électeurs inscrits dans les quatre-vingt-cinq autres départements.

Rappelez à ceux qui possèdent la sécurité que leur a rendue l'Empire, à ceux qui travaillent les merveilleuses conditions d'activité qu'il leur a faites, à ceux qui souffrent les préoccupations incessantes de l'Empereur pour les misères du peuple, à tous la situation glorieuse et respectée qu'il a rendue à notre pays. Qu'ils viennent donc tous dire leur sentiment sur des affaires qui sont les leurs. Ils savent bien que l'Empire leur rend avec usure en gloire et en prospérité ce qu'ils lui donnent en confiance et en dévouement.

Répétez-leur, monsieur le Préfet, que leur devoir, aussi bien que leur intérêt, les appelle au scrutin. Le recensement de leurs votes prouvera que, si les ennemis de l'Empire ont espéré trouver un point d'appui dans l'Urne électorale, ils ont encore une fois méconnu la puissance des liens qui unissent l'Empereur au Peuple, et calomnié le suffrage universel.

Recevez, etc.

Le Ministre de l'Intérieur,

Signé : BILLAULT.

Confidentielle.

Paris, le 3 juillet 1857.

CIRCULAIRE

Monsieur le Préfet, je désire que vous m'adressiez le plus tôt possible un rapport d'ensemble sur les élections dans votre département.

Vous me feriez connaître, en même temps, les fonctionnaires qui vous ont activement secondé et ceux dont le concours vous a fait défaut.

Recevez, etc.

Pour le Ministre et par autorisation :

Le Conseiller d'État, Secrétaire général.

Paris, le 7 juillet 1857.

CIRCULAIRE

(Élections législatives. — Invitation d'envoyer un état de dépenses)

Monsieur le Préfet, vous avez été informé, par une circulaire du 3 juin, que je consentais à prendre à la charge de mon Ministère une partie des dépenses résultant des dernières élections législatives, en cas d'insuffisance du fonds d'abonnement.

Je vous prie de m'adresser, avant le 15 de ce mois, un état des dépenses dont il s'agit.

Vous le diviserez en deux parties. La première comprendra les frais d'impression dont l'imputation n'est pas réglée par la loi du 7 août 1850 ; la seconde les dépenses autres que les frais matériels proprement dits.

Votre envoi portera le timbre : *Administration générale et départementale.* 1er *Bureau.*

Recevez, etc.

Le Ministre Secrétaire d'État au département de l'Intérieur,

Signé : BILLAULT.

IX

ÉLECTIONS LÉGISLATIVES

DE 1863

Paris, le 18 mai 1863.

Monsieur le Préfet, les élections qui se préparent vont être pour la France une nouvelle occasion d'affirmer devant l'Europe les institutions qu'elle s'est données.

Dans cette circonstance, j'ai à peine besoin de vous rappeler les principes qui doivent vous servir de guide. Vous n'oublierez pas que l'Empire est l'expression des besoins, des sentiments, des intérêts des masses, et que, avant de rallier à lui toutes les forces vives de la nation, c'est dans la chaumière du peuple qu'il a été enfanté.

Fort de son origine providentielle, l'Élu du peuple a réalisé toutes les espérances de la France : car cette France, qu'il avait trouvée dans l'anarchie, la misère et l'abaissement où le régime des rhéteurs l'avait jetée, il lui a suffi de quelques années pour l'élever au plus haut rang de richesse et de grandeur.

On sait comment, dans ce pays bouleversé par tant de révolutions, l'ordre politique, social et religieux a été restauré, et la sécurité des personnes et des choses établie comme elle ne l'avait jamais été; comment, en dix ans, la fortune immobilière a été doublée, la fortune mobilière augmentée de 7 à 8 milliards, et le revenu public accru de 300 millions; comment le territoire a été sillonné de voies ferrées, de routes, de chemins vicinaux, et enrichi d'innombrables travaux publics ; comment, enfin, les glorieux triomphes de nos armes et la haute influence rendue à notre politique au dehors sont venus couronner un développement de prospérité jusqu'ici sans exemple dans le monde.

L'histoire dira par quels prodiges de sagesse, de courage et d'habileté, l'Élu du peuple a accompli toutes ces choses ; mais elle révélera aussi le secret de son étonnante fortune, je veux dire la confiance absolue, la fidélité touchante avec laquelle, dans la paix ou dans la guerre, dans les mauvaises comme dans les bonnes circonstances, le peuple français n'a cessé de le soutenir, de l'entourer, de le défendre.

C'est à cette confiance que l'Empereur fait encore appel. Il demande au pays une législature qui, devant terminer son mandat au moment où le Prince impérial, le fils de la France, parviendra à la veille de sa majorité, soit aussi dévouée que les deux précédentes, et n'ait d'autre préoccupation que l'avenir de l'Empire.

Monsieur le Préfet, s'il n'y avait en France, comme en Angleterre, que des partis divisés sur la conduite des affaires, mais tous également attachés à nos institutions fondamentales, le Gouvernement pourrait se borner, dans les élections, à assister à la lutte des opinions diverses. Mais dans un pays comme le nôtre, qui, après tant de convulsions, n'est sérieusement constitué que depuis dix ans, ce jeu régulier des partis, qui chez nos voisins féconde si heureusement les libertés publiques, ne pourrait dès aujourd'hui se reproduire qu'en prolongeant la révolution et en compromettant la liberté :

car chez nous il y a des partis qui ne sont encore que des factions. Formés des débris des gouvernements déchus, et bien qu'affaiblis chaque jour par le temps qui seul peut les faire disparaître, ils ne cherchent à pénétrer au cœur de nos institutions que pour en vicier le principe, et n'invoquent la liberté que pour la tourner contre l'État.

En présence d'une coalition d'hostilités, de rancunes et de dépits opposée aux grandes choses de l'Empire, votre devoir, monsieur le Préfet, est tout naturellement tracé. Pénétré de l'esprit libéral et démocratique de nos institutions que l'Empereur s'applique chaque jour à développer, ne vous adressez qu'à la raison et au cœur des populations. Laissez librement se produire toutes les candidatures, publier et distribuer les professions de foi et les bulletins de vote suivant les formes prescrites par nos lois. Veillez au maintien de l'ordre et à la régularité des opérations électorales. C'est pour tous un droit et pour vous un devoir de combattre énergiquement toutes les manœuvres déloyales, l'intrigue, la surprise et la fraude, d'assurer enfin la liberté et la sincérité du scrutin, la probité de l'élection.

Le suffrage est libre. Mais, afin que la bonne foi des populations ne puisse être trompée par des habiletés de langage ou des professions de foi équivoques, désignez hautement, comme dans les élections précédentes, les candidats qui inspirent le plus de confiance au Gouvernement. Que les populations sachent quels sont les amis ou les adversaires plus ou moins déguisés de l'Empire, et qu'elles se prononcent en toute liberté, mais en parfaite connaissance de cause.

Nous ne sommes plus au temps où les élections étaient entre les mains d'un petit nombre de privilégiés qui disposaient des destinées du pays. Grâce à l'Empereur, qui a su résister aux tentatives anciennes ou nouvelles de tous les partis pour restreindre le suffrage universel, et qui a voulu maintenir le droit de tout Français à être électeur, aujourd'hui la France, en possession du plus vaste suffrage qui existe en Europe, compte 10 millions d'électeurs, votant au scrutin secret, n'ayant chacun à rendre compte de son vote qu'à Dieu et à sa conscience : c'est la nation tout entière qui, maîtresse d'elle-même, ne peut être dominée, ni violentée, ni corrompue par personne.

Monsieur le Préfet, en recommandant au choix des électeurs l'immense majorité des membres sortants du Corps législatif, le Gouvernement rend un hommage mérité à des hommes honorables, d'un dévouement éprouvé, et qui, avant de recevoir le patronage de l'administration, étaient désignés par les sympathies de leurs concitoyens. S'il a cru devoir refuser ce témoignage à quelques-uns, ce n'est pas par de simples dissidences d'opinions, car il s'est fait une loi de respecter profondément l'indépendance des députés ; mais il ne peut appuyer auprès des électeurs que des hommes dévoués sans réserve et sans arrière-pensée à la dynastie impériale et à nos institutions. Il est donc contraire à la vérité d'attribuer l'attitude du Gouvernement vis-à-vis de plusieurs candidats au souvenir de certaines discussions.

Quelques députés seulement, dans le nombre de ceux qui ont voté contre l'avis du Gouvernement lors d'une circonstance importante, n'ont plus le patronage officiel; mais leur vote n'est entré pour rien dans la résolution qui les concerne, et j'affirme, quant à moi, que jamais je n'ai eu la pensée de rechercher des votes inspirés par des scrupules de conscience.

J'appelle votre attention sur une autre manœuvre qu'il suffit de signaler au bon sens public. Les partisans de certaines candidatures ne craignent pas de prétendre qu'à défaut du concours de l'administration, elles peuvent se prévaloir des plus hautes et des plus augustes sympathies, comme si l'administration pouvait être dans les élections autre chose que l'instrument de la pensée même de l'Empereur.

Je terminerai, monsieur le Préfet, en vous rappelant ces paroles solennelles que l'Empereur prononçait à l'ouverture de la dernière session : « Dites à vos concitoyens que je serai prêt sans cesse à accepter tout ce qui est l'intérêt du plus grand nombre ; mais, s'ils ont à cœur de faciliter l'œuvre commencée, d'éviter les conflits qui n'engendrent que le malaise, de fortifier la Constitution qui est leur ouvrage, qu'ils envoient à la nouvelle Chambre des hommes qui, comme vous, acceptent sans arrière-pensée le régime actuel; qui préfèrent aux luttes stériles les délibérations sérieuses; des hommes qui, animés de l'esprit de l'époque et d'un véritable patriotisme, éclairent dans leur indépendance la marche du Gouvernement et n'hésitent jamais à placer au-dessus d'un intérêt de parti la stabilité de l'État et la grandeur de la patrie. »

Vous connaissez maintenant, monsieur le Préfet, la pensée entière du Gouvernement de l'Empereur. Suivez exactement les instructions qui précèdent, et attendez avec confiance le résultat du vote. Les populations du 10 et du 20 décembre ne laisseront pas affaiblir dans leurs mains l'œuvre dont elles sont fières. Électrisées par leur patriotisme, elles se porteront en masse au scrutin et voudront donner une nouvelle et éclatante adhésion à l'Empire glorieux qu'elles ont fondé.

Recevez, etc.

Le Ministre de l'Intérieur,

Signé : DE PERSIGNY.

Confidentielle.

Paris, le 16 mai 1863.

(1º Réunions électorales. — 2º Dépôt au parquet. — 3º Colportage des bulletins électoraux. — 4º Distributions séditieuses ou dangereuses pour la paix publique. — 5º Presse. — 6º Moyens d'action en faveur des candidatures officielles. — 7º Concours des fonctionnaires et spécialement des Maires. — 8º Ouverture du scrutin. — 9º Envoi de l'état des candidatures opposantes. — 10º Frais d'impression. — 11º Envoi d'un rapport d'ensemble.)

Monsieur le Préfet, à l'occasion du renouvellement du Corps législatif, je crois devoir vous donner des instructions de détail et résumer en même temps celles qui vous ont été adressées pour les élections générales de 1857.

Aucune réunion publique ne doit être autorisée; cependant les réunions ayant un caractère privé, au domicile d'un particulier, peuvent être tolérées. Les réponses des Préfets aux pétitionnaires doivent être faites verbalement.

Si plusieurs arrondissements sont compris en totalité ou pour partie dans une circonscription électorale, le dépôt légal prescrit par la loi du 16 juillet 1850 peut avoir lieu indistinctement au parquet de l'un ou de l'autre chef-lieu. Les Procureurs impériaux doivent seulement, d'après les instructions du Ministre de la Justice, aviser, aussitôt après chaque dépôt, le Préfet et les Sous-Préfets intéressés. (Circulaire du 2 juin 1857.)

Les candidats qui ont satisfait à la double obligation du dépôt, au secrétariat général de la Préfecture, de leur prestation de serment par écrit, conformément au sénatus-consulte du 17 février 1858, et du dépôt de leurs circulaires et professions de foi signées, au parquet, conformément à la loi du 16 juillet 1850, doivent être laissés libres de distribuer sans autorisation préalable, pendant les vingt jours qui précèdent l'élection, non-seulement ces circulaires et professions de foi, mais aussi leurs bulletins de vote qui en font une annexe naturelle, sauf à faire le dépôt d'un exemplaire signé du bulletin lui-même, s'il n'est accompagné ou précédé d'aucune adresse aux électeurs. La même liberté s'étend, dans ce cas, aux électeurs eux-mêmes qui voudraient faire de la propagande en faveur de ces candidats.

Quant au colportage des bulletins portant le nom des candidats qui se seraient bornés à la prestation du serment écrit et n'auraient fait aucun dépôt au parquet, le droit commun reprend son empire et l'autorisation administrative reste nécessaire. Les Préfets doivent, du reste, accorder la plus grande latitude possible en cette matière, et ne refuser l'autorisation qu'à titre exceptionnel et lorsqu'il y a danger d'un scandale ou d'un trouble public. (*Circulaires des 24 avril 1856 et 30 mai 1857.*)

Si des circulaires, professions de foi ou bulletins séditieux, ou présentant le danger d'un trouble ou d'un scandale public, étaient colportés, le Préfet devrait se concerter immédiatement avec le Ministère public et en référer au Ministre, après adoption des mesures préventives. (*Circulaire confidentielle du 1er juin 1857.*)

La presse opposante pourra librement prôner ses candidats et discuter leurs adversaires ; mais l'injure, la violence, l'appel aux mauvaises passions, devront m'être signalés immédiatement. Les lois sur la matière restent en pleine vigueur. (*Circulaire confidentielle du 1er juin 1857.*)

Le Préfet doit donner aux candidats de l'Administration toutes les facilités officielles et officieuses possibles. (*Circulaire confidentielle du 1er juin 1857.*)

Les fonctionnaires dépendant des divers ministères ont été invités par leurs supérieurs à seconder l'action du Préfet. Ceux qui sont placés sous ses ordres lui doivent un concours actif et résolu.

Partout où il le juge nécessaire, le Préfet peut ouvrir le scrutin dès cinq heures du matin, afin de donner aux populations la faculté de voter avant de se rendre à leurs travaux. Cette décision ne doit rien changer aux heures légales de fermeture. (*Circulaire télégraphique du 14 juin 1857.*)

Transmettre immédiatement la liste générale des candidats qui se présentent en concurrence avec ceux du Gouvernement et ont effectué leur dépôt au Parquet. Informer ultérieurement le Ministre de chaque nouveau dépôt. (*Circulaire du 11 juin 1857.*)

Le Préfet doit faire imprimer et distribuer, dans la mesure que les circonstances rendront utile, les bulletins des candidats officiels, indépendamment de la distribution faite par ceux-ci en leur propre nom. (*Circulaire du 3 juin 1857.*)

Envoyer un rapport d'ensemble sur les opérations électorales. Rendre compte du concours des fonctionnaires. (*Circulaire du 3 juillet 1857.*)

Comme complément des instructions qui précédent, je crois devoir vous faire connaître deux décisions récentes de M. le Ministre des finances.

En vertu d'une décision spéciale du Ministre des finances, bien qu'assujetties au timbre par le décret du 17 février 1852, les circulaires électorales imprimées sur papier non timbré peuvent être distribuées, sous la condition d'une déclaration ultérieure par les candidats du nombre d'exemplaires émis et moyennant le payement des droits.

En vertu d'une autre décision, sont admis à circuler exceptionnellement en exemption de taxe les professions de foi, les cartes électorales et bulletins de vote expédiés sous le contre-seing des Préfets, des Sous-

Préfets et Maires, aux fonctionnaires avec lesquels ils sont autorisés à correspondre en franchise. Il y a réduction de taxe pour l'envoi des mêmes documents sous le contre-seing des mêmes fonctionnaires aux personnes qui ne jouissent pas de la franchise. L'envoi doit seulement porter, en outre du contre-seing, la suscription : *Élections de* 1863.

Je vous prie, Monsieur le Préfet, de vous conformer ponctuellement à ces diverses instructions, et de m'accuser réception de la présente circulaire.

Recevez, Monsieur le Préfet, l'assurance de ma considération très-distinguée.

Pour le Ministre de l'intérieur,

Le Directeur du personnel,

DUREAU.

Paris, le 22 mai 1863.

CIRCULAIRE

Monsieur le Préfet, en vous transmettant, le 16 de ce mois, mes instructions de détail pour les prochaines opérations électorales, je vous ai donné connaissance d'une décision récente de M. le Ministre des finances portant que les circulaires électorales, bien que restant assujetties au timbre par le décret du 17 février 1852, pourraient circuler même imprimées sur papier non timbré, sous la condition d'une déclaration ultérieure, par les candidats, du nombre d'exemplaires émis, et moyennant le payement des droits.

Mon collègue m'informe aujourd'hui que cette décision, renouvelée de celles qui ont été prises dans des circonstances analogues, les 17 juin 1852 et 8 juin 1857, n'a plus de raison d'être; les inconvénients qu'elle présentait dans la pratique ayant été reconnus dès le mois d'août 1857, et l'un de ses prédécesseurs ayant, en conséquence, statué que, par assimilation avec les avis et les circulaires du Commerce, les circulaires électorales devaient être exemptes de timbre sans condition.

C'est ce dernier principe qui est aujourd'hui en vigueur et qui vient d'être rappelé à tous les agents du service de l'Enregistrement et des Domaines.

Recevez, Monsieur le Préfet, l'assurance de ma considération très-distinguée.

Le Ministre de l'Intérieur.

Pour le Ministre :

Le Directeur du Personnel,

Dureau.

Confidentielle.

Paris, le 6 juin 1863.

CIRCULAIRE

Monsieur le Préfet, je vous recommande de relever avec le plus grand soin et de me faire connaître les actes, manœuvres, allégations fausses, violences, qui auraient signalé la conduite des oppositions coalisées dans votre département.

Il est important qu'en regard de l'attitude ferme et digne de l'Administration et de la liberté qu'elle a loyalement assurée à ses adversaires, dans les élections, nous puissions exposer la preuve des abus et des entraînements des partis hostiles.

Je vous prie de m'adresser ces renseignements le plus tôt possible dans un Rapport spécial.

Recevez, Monsieur le Préfet, l'assurance de ma considération très-distinguée.

LE MINISTRE DE L'INTÉRIEUR.

Pour le Ministre et par autorisation :

Le Directeur du Personnel,
DUREAU.

Paris, le 21 juin 1863.

Monsieur le Préfet, après avoir reçu et analysé vos rapports et ceux de vos collègues sur les dernières élections, après avoir constaté l'ordre et la loyauté qui ont présidé aux opérations électorales, comme la liberté avec laquelle toutes les candidatures ont pu se produire, je suis heureux d'avoir à vous féliciter du zèle que vous avez mis, ainsi que les Sous-Préfets, les Maires et tous les agents sous vos ordres, à éclairer les populations sur les choix qu'elles étaient appelées à faire. A part les incidents qui, sur quelques points, ont pu provoquer des protestations soit d'un côté, soit de l'autre, la manière paisible dont se sont accomplies les dernières élections fait d'autant plus d'honneur au pays qu'elles ont été plus disputées.

Pour la première fois depuis dix ans, une coalition s'est formée entre des opinions plus ou moins rattachées aux gouvernements antérieurs. Sur quelques points, et particulièrement dans les grands centres de population, plus habituellement accessibles aux excitations de la presse, elle a réussi à surprendre le suffrage universel; mais l'immense majorité du pays a répondu à l'appel du Gouvernement et n'a laissé à la coalition que quelques noms pour se consoler de sa défaite.

Les dernières élections auront du reste une influence considérable sur l'avenir du pays. Lorsque l'Empereur fut élevé sur le pavois, aux acclamations de tout un peuple, arrivant au pouvoir seul de sa personne, il n'avait pas de parti, mais il touchait par quelques points à tous les partis existant dans la nation. Pour les uns, il représentait l'ordre, pour les autres l'unité du pouvoir; pour ceux-ci l'autorité, pour ceux-là une liberté sage; pour le plus grand nombre, le triomphe de la démocratie; pour tous enfin, la dignité de la France au dehors. C'est avec ces éléments divers que se forma ce qu'on peut appeler le parti du Gouvernement, soit dans l'ensemble des agents de l'autorité publique, depuis les Ministres jusqu'aux plus humbles fonctionnaires, soit dans les corps constitués, les Chambres, les Conseils généraux et les municipalités. Ainsi composée, l'organisation générale du pays manquait d'homogénéité, et il était naturel qu'au gré des circonstances et jusqu'à ce que le temps les eût fusionnés, ces éléments divers se ressentissent de leur origine. Mais les dernières élections auront fait pour leur cohésion encore plus que le temps. Attaqué de toutes parts et résistant à tous les chocs, notre édifice politique n'en est devenu que plus solide, et, dans la Chambre comme dans le pays, le parti du Gouvernement est désormais constitué.

Un autre résultat considérable est acquis aux dernières élections, c'est que nos institutions, critiquées par les candidats de l'opposition, sous le prétexte de leur perfectibilité, ont reçu, par le succès des candidats du Gouvernement, une nouvelle consécration. Ce que le peuple français avait voulu, par le Plébiscite de 1851, ce n'était pas seulement de constituer le pouvoir et la liberté sur des bases inébranlables, c'était de renoncer désormais à copier, dans un pays démocratique comme le nôtre, la constitution aristocratique d'un pays voisin;

c'était surtout de condamner la doctrine funeste qui avait pour résultat de faire tomber le pouvoir des mains de la royauté dans celles des orateurs de la Chambre. L'opposition disait bien haut que depuis dix ans le pays avait changé de sentiment, qu'il aspirait non-seulement à perfectionner et à modifier le jeu de nos libertés, mais à en changer les principes essentiels. Le pays a protesté contre ces assertions.

Et maintenant que la lutte est terminée, je vous recommande, Monsieur le Préfet, à mesure que le calme se rétablit dans les esprits, de vous inspirer de plus en plus des sentiments de modération qui sont le propre d'un Gouvernement fort et d'une administration paternelle. Le Gouvernement de l'Empereur, vous le savez, ne repousse personne. Formé lui-même d'hommes de tous les partis et se recrutant sans cesse parmi eux, il reste fidèle à la mission de les rallier tous. Il est ouvert à tous les hommes de bonne volonté et n'écarte que ceux qui, n'acceptant pas les bases fondamentales de nos institutions telles qu'elles sont déterminées par le Plébiscite de 1851, se trouvent par cela même en opposition avec la volonté du peuple français.

Recevez, Monsieur le Préfet, l'assurance de ma considération très-distinguée.

Le Ministre de l'Intérieur,

Signé : DE PERSIGNY.

X

ÉLECTIONS LÉGISLATIVES

DE 1869

Très-confidentielle.

Paris, le 8 mars 1868.

Monsieur le Préfet, les opérations de la révision de la garde nationale mobile vous appellent à visiter les divers cantons de l'arrondissement chef-lieu. Elles vont vous mettre en rapport avec les fonctionnaires et les populations, dont vous serez naturellement amené à écouter les vœux et à sonder les dispositions. Je désire que vous mettiez à profit cette circonstance pour étudier la situation des Députés en exercice et vous rendre compte du résultat probable des futures élections.

Le Gouvernement n'a pris aucune décision sur la question de savoir s'il y aurait lieu de hâter le terme de la législature actuelle, et vous savez que le mandat des Députés élus en 1863 ne prend fin légalement qu'en 1869. C'est vous dire, Monsieur le Préfet, que vous devrez éviter avec le plus grand soin tout ce qui pourrait faire croire à des projets de dissolution plus ou moins prochaine et agiter prématurément l'opinion publique. Les renseignements que je vous demande, aussi complets que vous le permettra la circonspection avec laquelle vous devez agir, sont *essentiellement confidentiels*, et je tiens à ce que la présente circulaire ne soit connue que de vous et de MM. les Sous-Préfets.

Vos collaborateurs chargés de présider le Conseil de

révision dans leurs arrondissements respectifs se conformeront aux mêmes instructions. Ils vous rendront compte, après la tournée, des impressions qu'ils auront recueillies. Après les avoir contrôlées à l'aide de vos informations personnelles, vous adresserez par un envoi spécial, à mon Cabinet, un travail *distinct par circonscription*, et fournissant une réponse sommaire, mais précise, aux questions suivantes :

Quels sont les députés qu'il faut appuyer nettement? Quels sont leurs chances de succès et leurs concurrents?

Quels sont ceux qu'il faut abandonner? Par qui pourrait-on les remplacer?

Quels sont ceux qu'il faut combattre? Qui voulez-vous leur opposer et quelles sont les chances de succès?

En cas de vacance ou de création d'un siége, quel serait votre candidat?

Recevez, Monsieur le Préfet, l'assurance de ma considération très-distinguée.

Le Ministre de l'Intérieur,

Signé : PINARD.

Confidentielle.

Paris, le 28 mai 1868.

CIRCULAIRE

Monsieur le Préfet, la tournée de révision emprunte cette année aux circonstances dans lesquelles elle sera faite une importance exceptionnelle.

Quand une législature approche de son terme, il est plus que jamais nécessaire d'étudier de très-près la situation politique, et de se rendre un compte exact des vœux et des tendances des populations. Dans ce but, votre premier soin, après les opérations de la révision dans chaque canton, doit être de voir les Maires, les Juges de Paix, les notables, tous ceux enfin qui peuvent fournir des appréciations éclairées ou exercer une influence quelconque sur la question électorale.

Il est désirable que ces opérations de la révision ne soient pas trop accélérées, et les instructions de mon Collègue, M. le Ministre de la guerre, vous ont permis, non-seulement de ne pas visiter plus d'un canton par jour, mais encore de vous rendre personnellement dans tous les cantons. L'enquête électorale à laquelle vous aurez à procéder demande un certain temps matériel pour être faite avec fruit, et votre présence dans le pays peut, au seul point de vue de l'effet moral, servir puissamment les intérêts politiques que vous avez à défendre.

En pareille matière, vous le savez, les relations personnelles jouent un rôle considérable. Dans votre *situation surtout, Monsieur le Préfet, un accueil prévenant peut suffire pour fortifier les amitiés acquises au Gouvernement et amortir bien des hostilités.* Aussi ne sauriez-vous chercher avec trop de soin à multiplier ces sympathies qui deviennent des alliances et qui vous donnent au jour de la lutte des auxiliaires dévoués.

Dans les cantons faisant partie d'une circonscription pour laquelle je vous aurais déjà fait connaître de vive voix ou par écrit la décision arrêtée du Gouvernement, en vue des élections législatives prochaines, vous seriez naturellement autorisé à indiquer aux Maires dans quelles dispositions l'Administration entend aborder le scrutin.

Pour les Colléges, au contraire, à l'égard desquels il n'a pas été possible de prendre encore une résolution, vous devrez vous abstenir de tout engagement, mais questionner incessamment les hommes du pays sur le choix du candidat, vous enquérir des chances de succès de chaque compétiteur, étudier le tempérament, l'esprit, les convenances de chaque localité et me rendre compte du résultat de ces investigations.

Partout où vous aurez à vous expliquer sur des candidats d'opposition, vous devrez, il me paraît inutile d'insister sur ce point, vous attaquer uniquement à leur attitude politique, jamais à leur personne.

Si je vous adresse, dès à présent, les instructions qui précèdent, ce n'est pas à dire, Monsieur le Préfet, que le Gouvernement soit résolu à hâter le renouvellement du Corps législatif. Aucune détermination semblable n'a été prise; mais le terme légal des pouvoirs de la Chambre actuelle approche rapidement, et une Administration vigilante doit se tenir prête à tout événement et ne négliger à aucune date ce qui peut faciliter le succès.

Plus le rôle du Corps législatif devient considérable, plus vous devez apporter de soin à constituer fortement le parti gouvernemental, à maintenir l'union, à stimuler l'énergie de nos amis comme à soutenir nettement leurs efforts. A ce point de vue, et sans que vous ayez à prendre aucun engagement avant de m'en avoir référé, le principe qui devra nécessairement vous guider dans l'étude que vous allez commencer est, sauf les exceptions inévitables, *celui du maintien des Députés sortants, toutes les fois qu'ils méritent la confiance du Gouvernement et possèdent celle de leurs électeurs.*

Les élections futures, Monsieur le Préfet, ont une importance qui ne vous a certainement pas échappé. Pour user des libertés nouvelles avec cette sagesse qui seule peut les vivifier, pour contenir l'audace des partis qui voudraient exploiter contre l'Empire ces libertés elles-mêmes, il faut à la France des Législateurs formant une majorité compacte, exempte à la fois d'entraînement et de faiblesse, et toujours disposée à se serrer autour de l'Empereur s'il fallait opposer à des passions hostiles l'infranchissable barrière de son dévouement dynastique.

Recevez, Monsieur le Préfet, l'assurance de ma considération très-distinguée.

Signé : PINARD.

XI

PLÉBISCITE

DU 8 MAI 1870

Confidentielle.

Paris, le 12 avril 1870.

Monsieur le Préfet, je crois utile, dans les circonstances actuelles, de vous communiquer l'extrait suivant du rapport de l'un de vos collègues :

« On sent généralement le besoin de s'organiser en
« vue du vote plébiscitaire.

« Voici les bases de cette organisation, que j'ai pro-
« posées et qui seront unanimement acceptées :

« Dans chaque canton, les Maires, réunis sous la pré-
« sidence de leur collègue du chef-lieu ou du Conseiller
« général, formeront des comités cantonaux où figure-
« ront les notables de chaque commune.

« Dans la commune elle-même aura lieu la créa-
« tion d'un comité local qui correspondra avec le co-
« mité cantonal.

« Les Sous-Préfets et le Préfet seront en relation
« constante avec ces diverses associations. »

Recevez, Monsieur le Préfet, l'assurance de ma considération très-distinguée.

Le Ministre de l'Intérieur,

Signé : CHEVANDIER DE VALDROME.

Très-confidentielle.

Paris, le 18 avril 1870.

Monsieur le Préfet, afin que vous puissiez faire préparer les bandes à la grandeur convenable, je vous envoie un fac-simile de la proclamation de l'Empereur, qui devra être adressée par la poste à chaque électeur.

Comme cette proclamation ne remplira qu'une page et demie, elle sera imprimée sur une seule feuille. Vous la plierez en quatre, conformément au modèle que je vous adresse; la bande sera mise de façon à ce que les mots : *Proclamation de l'Empereur,* restent apparents.

Cette proclamation, petit format, vous parviendra du 24 au 28 avril. Il est indispensable qu'elle soit remise à destination à chaque électeur avant le 5 mai.

Je vous rappelle que cette proclamation sera distribuée en franchise.

Un bulletin de vote devra être joint à chacune de ces proclamations.

Recevez, Monsieur le Préfet, l'assurance de ma considération très-distinguée.

Le Ministre de l'Intérieur,

Signé : CHEVANDIER DE VALDROME.

Très-confidentielle.

Paris, le 18 avril 1870.

Monsieur le Préfet, contrairement à ce que je vous ai dit dans ma circulaire confidentielle du 16 avril, je ne vous enverrai pas la proclamation de l'Empereur et le décret convoquant les électeurs, en placards destinés à être affichés. Dès que vous aurez connaissance de ces documents, soit par le télégraphe, soit par le *Journal officiel,* soit par l'envoi que je vous en ferai, vous les ferez immédiatement imprimer en nombre suffisant pour être affichés dans toutes les communes et hameaux de votre département.

Prenez vos mesures en conséquence.

Il est probable que la Proclamation et le décret paraîtront au *Journal officiel* le samedi 23 avril.

Recevez, Monsieur le Préfet, l'assurance de ma considération très-distinguée.

Le Ministre de l'Intérieur,

Signé : CHEVANDIER DE VALDROME.

Confidentielle.

Paris, le 19 avril 1870.

Monsieur le Préfet, un Comité central vient de s'organiser à Paris, dans le but de faciliter aux électeurs l'exercice de leur droit et de les éclairer sur le vote qu'ils vont être appelés à émettre. Cette association pourvoit à ses dépenses par un appel aux souscriptions privées.

Dans un certain nombre de départements, des Comités locaux se sont donné une mission analogue et s'occupent particulièrement de la distribution des bulletins de vote. Ils sont assurés du concours de notabilités exerçant, par leur situation personnelle, une influence légitime.

Ces Comités pourront avoir à vous demander des renseignements nécessaires au fonctionnement de leur œuvre. Je n'ai pas besoin de vous dire *que vous ne devrez pas hésiter à les fournir, tout en évitant d'imprimer à ces communications aucun caractère officiel*, et que vous êtes *pleinement* autorisé à vous mettre en rapport soit avec les comités, soit avec les correspondants par lesquels ils se feront représenter.

Recevez, Monsieur le Préfet, l'assurance de ma considération très-distinguée.

Le Ministre de l'Intérieur,

Signé : CHEVANDIER DE VALDROME.

Confidentielle.

Paris, le 27 avril 1870.

CIRCULAIRE

Monsieur le Préfet, je vous envoie un certain nombre d'exemplaires de la lettre de M. E. Ollivier aux électeurs de la 1re circonscription du Var, afin que vous puissiez la répandre dans votre département.

Je vous laisse néanmoins libre d'apprécier l'opportunité de cette distribution.

Si vous voulez un plus grand nombre d'exemplaires, je vous prie de me le faire connaître.

Recevez, Monsieur le Préfet, l'assurance de ma considération très-distinguée.

Le Ministre de l'Intérieur,

Signé : CHEVANDIER DE VALDROME.

XII

ANALYSE DES CIRCULAIRES

D'INSTALLATIONS

DES MINISTRES DE L'INTÉRIEUR

SOUS L'EMPIRE

CIRCULAIRES D'INSTALLATIONS

DES MINISTRES

M. BILLAULT. — 26 Juin 1854.

« Rasseoir tout d'abord sur ses bases la société ébranlée, puis la maintenir dans une tranquillité profonde, assurer par une *énergique* impulsion, par une infatigable initiative, la réalisation de tout ce qui est beau, grand, utile; reconquérir dans les affaires de l'extérieur une influence dont tous les bons citoyens sont fiers et dont l'Europe se loue : telle est l'œuvre hardiment commencée au 2 décembre et continuée depuis aux applaudissement de la France et du monde. »

GÉNÉRAL ESPINASSE. — 8 *Février* 1858.

« La France, tranquille, prospère et glorieuse sous un Gouvernement réparateur, s'est abandonnée depuis six ans à une confiance excessive peut-être sur l'apaisement des passions anarchiques que l'énergie du souverain et la volonté solennelle du pays semblaient avoir refoulées dans le néant. La générosité de l'Empereur, multipliant les grâces et les amnisties, donnait elle-même un gage à ce retour réel, mais incomplet, du calme et de l'union. Un exécrable attentat est venu dessiller tous les yeux et nous a révélé les ressentiments sauvages, les coupables espérances, qui couvent encore au sein du parti révolutionnaire. Ce parti, Monsieur le Préfet, nous ne devons ni exagérer ni amoindrir ses forces. Son odieuse tentative vient de réveiller les appréhensions du pays; nous lui devons les garanties de sûreté qu'il réclame. »

M. DE PADOUE. — 8 Mai 1859.

« Le nom que je porte est un symbole de fidélité; les traditions de ma famille me tracent la ligne à suivre, et j'y marcherai résolûment... — En face de l'étranger, les dissentiments de parti s'effacent; tous ceux qui veulent la conservation de l'ordre, la grandeur et la prospérité de la France, se serreront autour de la dynastie impériale : elle est la clef de voûte de l'édifice social.

« Je compte donc, Monsieur le Préfet, sur votre expérience, sur votre énergie et votre dévouement à l'Empereur.

« Le départ de Sa Majesté peut faire naître des préoccupations; attachez-vous à les prévenir ou à les dissiper : de loin comme de près, sa pensée veille sur la France.

« L'Impératrice, secondée par les lumières du dernier et glorieux frère de Napoléon Ier, entourée de conseillers dévoués, continuera sa politique et son œuvre. Ayons confiance dans la destinée de l'Empereur et dans la protection de Dieu. »

M. FIALIN DE PERSIGNY. — 6 Décembre 1860.

« ...Enfin, pour terminer ce tableau, persuadé que sa véritable mission n'est pas seulement de placer son nom près de celui du glorieux chef de sa race, mais d'assurer les destinées du pays, il les prépare maintenant au noble et paisible exercice des libertés dont le trône populaire de Napoléon doit protéger le développement. Monsieur le Préfet, si je vous rappelle ces grands traits de notre histoire actuelle, ce n'est pas pour que vous en fassiez le sujet de communications officielles aux populations de votre département; car, fières d'avoir si *merveilleusement*, au 10 décembre, retrouvé d'elles-mêmes le fil perdu de nos destinées, elles n'ont besoin de personne pour lire dans leurs cœurs les grandes pages de l'Empire qu'elles ont fondé. Ce que je désire seulement, c'est de vous faire comprendre dans quel esprit je réclame votre concours. Convaincu que les libertés d'un pays ne peuvent se développer qu'autant que l'*État* lui-même jouit de la plus complète sécurité, je demande que vous soyez toujours aussi ferme à maintenir l'ordre public et aussi vigilant à surveiller au besoin les ennemis *de l'État ;* mais je vous recommande en même temps de ne rien négliger pour achever l'œuvre de réconciliation entre les partis. Beaucoup d'hommes honorables et distingués des anciens gouvernements, tout en rendant hommage à l'Empereur pour les grandes choses qu'il a accomplies, se tiennent encore à l'écart par un sentiment de dignité personnelle. Témoignez-leur les égards qu'ils méritent, ne négligez aucune occasion de les engager à faire profiter le pays de leurs lumières et de leur expérience, et rappelez-leur que, s'il est noble de conserver le culte des souvenirs, il est encore plus noble d'être utile à son pays. »

M. DE LAVALETTE. — 13 *avril* 1865.

« ... Une circulaire de l'un de mes prédécesseurs a prescrit que dans le délai de deux ans toutes les communes de votre département devraient être visitées soit par vous, soit par MM. les Sous Préfets. La mesure est excellente, mais elle n'a pas été, sur tous les points, suffisamment mise à exécution; de plus, l'une des tournées prescrites se confond avec celle du recrutement, qui est forcément rapide et chargée de soins de toute nature.

« Il ne faut pas d'ailleurs que les populations rurales ne vous voient au milieu d'elles qu'au moment où vous y êtes appelé par les exigences de ces fonctions spéciales. Il importe qu'elles vous voient vous imposer les mêmes déplacements pour venir étudier sur place leurs affaires et leurs besoins.

« Monsieur le Préfet, ma circulaire du 8 avril vous a fait connaître mes intentions à l'égard des comptes rendus mensuels que vous devez m'adresser sur la situation politique, industrielle et morale de votre département.

« Indépendamment de ces rapports périodiques, vous pouvez avoir à me transmettre d'autres communications d'une nature plus confidentielle. *Qu'il s'agisse des hommes ou des choses*, le Gouvernement ne doit rien ignorer de ce qui, à un degré quelconque, intéresse sa politique. Il faut qu'il soit informé sans retard; il faut surtout qu'il connaisse dans toute leur vérité *tous les détails des situations*. Lors donc qu'il se produira dans votre département un fait de quelque importance, n'hésitez pas à me le signaler librement, nettement, sans aucune réticence : *vos rapports seront pour moi seul*.

« Également dévoués au service de l'Empereur, nous devons tous nous inspirer des sentiments d'une confiance réciproque. La mienne vous appartient. Je compte aussi sur la vôtre et je vous la demande dans l'intérêt de l'œuvre que nous poursuivons tous. »

M. FIALIN DE PERSIGNY. — 7 décembre 1861.

« Si tous les partis, tous les écrivains, se soumettant réellement aux lois constitutives de notre Société, au suffrage universel, qui a fondé le trône de Napoléon pour en faire la base de nos institutions; si ces partis, ces écrivains, respectant la volonté du peuple français, ne veulent la liberté de la presse que pour le maintien et la prospérité de *l'État*, alors ils ont de fait et de droit la liberté de la presse comme en Angleterre, et la loi des avertissements devient une lettre morte...

« Mais s'il y a des partis qui se proposent non plus de faire pénétrer leurs idées, leurs doctrines, leurs sentiments pour le Gouvernement de l'État, mais de renverser l'État lui-même, d'opposer au Gouvernement tel autre Gouvernement, à la dynastie telle autre dynastie, alors, quelle que puisse être la faiblesse de ces partis, le respect de la volonté nationale, l'intérêt public et la loi ne permettent pas de laisser entretenir des passions hostiles à l'ordre établi : car, sans parler même d'aucun danger, tout ce qui retarde la fusion des partis dans la grande famille de l'État retarde en même temps la jouissance des libertés de notre pays.

« Quant à l'instrument que la loi actuelle met dans mes mains par le système des avertissements, je n'ai pas à le discuter. Cependant, s'il m'est permis d'en dire mon sentiment, franchement et sans détour, ce système, comme mesure exceptionnelle, subordonné aux exigences imposées par l'établissement d'un nouvel ordre de choses, est sans doute, en principe, *aussi dictatorial* que celui trouvé par les défenseurs de la maison de Hanovre ; mais, en fait, il *est plus franc, plus sincère, que s'il se déguisait sous des formes judiciaires*, à la manière des Hanovriens. Il est d'ailleurs infiniment plus conforme aux mœurs et à la situation de notre pays. Sans doute il est difficile, comme il l'a toujours été en Angleterre, de définir le point qui sépare *la discussion utile de la discussion nuisible à l'État*. C'est une affaire de conscience, aussi délicate pour un ministre napoléonien que pour un juge hanovrien.

« Tel est, Monsieur le Préfet, l'ordre d'idées que je recommande à votre attention, et que je vous prie de prendre pour règle de conduite dans toutes les propositions que vous auriez à me soumettre. »

XIII

DIVERSES

Confidentielle.

Paris, le 10 juin 1852.

CIRCULAIRE

Aux Présidents de Sociétés de secours mutuels.

Messieurs, aux termes de l'article 20 du décret du 28 mars dernier sur les Sociétés de secours mutuels, vous devez m'adresser, chaque année, un compte rendu de la situation morale et financière de votre association.

Je vous invite à vous réunir le plus tôt possible, afin de remplir cette obligation en me transmettant le résumé des opérations de votre société depuis sa fondation, avec un exemplaire de ses statuts et un état de sa situation actuelle et du nombre de ses membres.

Dans le cas où vous jugeriez convenable de profiter de cette réunion pour *mettre votre association en demeure de demander l'approbation du Gouvernement*, vous trouverez ci-après les conditions auxquelles cette approbation peut être accordée, et les avantages qu'elle confère.

Agréez, etc.

Signé : DE PERSIGNY.

Confidentielle.

Paris, le 17 février 1857.

(Orphelinat du Prince Impérial. — Surveillance à exercer sur les pupilles de cette institution.)

Monsieur le   , aux termes des statuts annexés au décret du 15 septembre 1856, les membres de la Commission supérieure de l'Orphelinat du Prince Impérial et les Comités d'arrondissement qui lui sont adjoints doivent exercer une *surveillance personnelle sur les pupilles de l'œuvre et sur les familles dans lesquelles ils sont placés.*

Il importe que ces prescriptions soient observées exactement.

Ce n'est qu'à cette condition, en effet, que les bienfaits de l'Institution profiteront réellement aux orphelins qu'elle protége, et que ces pauvres enfants pourront en recueillir tout le fruit. Mieux que personne, les membres de la Commission supérieure et des Comités d'arrondissement pourront remplir cette mission tutélaire. Leur caractère, leur situation, leur influence locale, les y rendent éminemment propres. Leur action sera, au besoin, complétée par la vôtre, et je ne doute pas que d'heureux résultats ne soient la récompense de vos communs efforts.

L'Orphelinat Impérial ne doit pas seulement se proposer de soustraire l'enfant à l'abandon et aux maux qui en sont la suite. Son but est plus élevé et plus touchant encore. Il faut qu'il accorde à ses pupilles, outre les soins physiques, cette culture intellectuelle et morale, cette éducation religieuse surtout, que rien ne saurait remplacer; qu'indépendamment du bien-être actuel, il leur assure une carrière; qu'il en fasse des citoyens utiles, dignes de l'auguste patronage dont ils auront ressenti les bienfaits, et de la Société qui attendra d'eux, en retour, et le tribut de leur travail, et l'exemple d'une vie honorablement employée. Les obligations du père de famille sont, en un mot, les siennes, et il n'en est aucune qu'il ne doive remplir.

La surveillance des Commissions supérieures et locales ne sera donc jamais trop active. La maison d'adoption, l'école, l'atelier, elle devra tout comprendre et s'exercer partout où la réclameront les intérêts de l'orphelin.

J'ai fait préparer dans ce but : 1° des bulletins individuels, qui devront m'être transmis par vos soins, tous les deux mois, à partir du 1er mars; 2° un état nominatif, en   expéditions, des enfants patronés jusqu'à ce jour et des familles auxquelles ils sont confiés. Vous trouverez ci-joints ces documents. Je les compléterai par des envois subséquents, au fur et à mesure des adoptions nouvelles. Vous voudrez bien remettre à chacun des membres du Comité que vous présidez et à ce   des membres de la Commission supérieure qui l'y représente   , un certain nombre de feuilles de renseignements et un exemplaire de la liste nominative. L'action des premiers devra se limiter à la circonscription de l'arrondissement, hors le cas où, l'orphelin se trouvant placé dans un arrondissement trop éloigné, la

Commission jugerait devoir me demander l'autorisation de déférer la surveillance à la Commission du nouveau domicile. Quant aux membres de la Commission supérieure, je n'ai pas besoin de vous rappeler qu'ils ont le droit d'inspecter tous les pupilles de l'Orphelinat, quel que soit le lieu de leur résidence.

J'attache un vif intérêt, monsieur le   , à ce que les dispositions de cette circulaire soient ponctuellement exécutées.

Veuillez, je vous prie, en donner connaissance au comité de votre arrondissement, veiller à ce qu'à partir du 1er mars les envois qu'elle prescrit me soient faits régulièrement, et m'en accuser la réception.

Recevez, etc.

Signé : BILLAULT.

Paris, le 25 juillet 1857.

NOTE CONFIDENTIELLE

Monsieur le Préfet est invité à interdire dans les journaux de son département la reproduction de l'article publié dans le *Journal des Débats* du 25 du courant : *Testament politique de Charles Pisacane.*

Paris, le 29 août 1857.

NOTE CONFIDENTIELLE

Il serait à souhaiter que l'Administration départementale pût aider à l'accroissement de publicité de la *Revue contemporaine*.

Paris, le 8 septembre 1857.

(Attributions des Annonces judiciaires.)

Monsieur le Préfet, conformément aux prescriptions de la circulaire du 27 décembre 1852, je vous prie de me transmettre, dans le plus bref délai possible, et sans dépasser le 1ᵉʳ octobre, terme de rigueur, vos propositions relatives à l'attribution des Annonces judiciaires pour l'année 1858.

Je me réfère d'ailleurs aux dispositions de cette circulaire pour tout ce qui concerne cette partie de votre service. Vous voudrez bien accompagner votre dépêche d'un projet d'arrêté en double expédition, et de *tels renseignements que vous jugerez convenables pour m'éclairer sur la situation des feuilles qui feront l'objet de cet arrêté.*

Il est nécessaire, dans l'intérêt du travail d'ensemble que j'ai à organiser, que tous les documents me soient transmis à l'époque fixée, et j'appelle sur ce dernier point toute votre sollicitude.

Recevez, etc.

Signé : Billault.

Urgent.

Paris, le 27 mai 1857.

CIRCULAIRE

(Enquête sur la presse départementale.)

Monsieur le Préfet, les statistiques de la presse départementale que je réclame chaque année, en exécution des circulaires du 12 juillet 1852 et du 11 septembre 1853, ne me donnent pas tous les renseignements qui me sont nécessaires pour apprécier exactement le mouvement des esprits et le degré d'influence exercé par chacun des organes de l'opinion publique. En conséquence, j'ai l'honneur de vous adresser un tableau qui, rempli par vos soins avec une scrupuleuse attention, devra contenir *le chiffre des abonnés aux divers journaux politiques de votre département* pendant les années 1855, 1856 et 1857, de manière à établir la situation exacte de ces feuilles au mois de mai courant.

Je vous prie de m'adresser ce travail dans le plus bref délai possible, avec les observations que vous croirez de nature à compléter les renseignements que je réclame.

Recevez, Monsieur le Préfet, etc.

Signé : BILLAULT.

Confidentielle.

Paris, le 13 mai 1861.

(Brochure du duc d'Aumale.)

Monsieur le Préfet, la poursuite judiciaire exercée contre une brochure récente a soulevé une question sur laquelle je crois devoir appeler votre attention. On s'est demandé si des personnes bannies ou exilées du territoire, placées par conséquent en dehors du droit commun et soustraites par leur position même à toute action judiciaire, pouvaient user en France des bénéfices de la publicité, en s'abritant derrière un imprimeur ou un libraire.

Dans l'écrit dont il s'agit, il y avait une attaque si caractérisée contre nos institutions, une excitation si manifeste à la haine et au mépris du Gouvernement, que le louable empressement de la Magistrature à poursuivre l'écrit séditieux était commandé par la nature même des choses, et, une fois saisie, la justice devait avoir son cours.

Mais vous savez, Monsieur le Préfet, les inconvénients de pareilles poursuites. D'un côté, l'écrivain, par une publication de plusieurs milliers d'exemplaires, peut avoir toutes les facilités de déverser l'injure et la calomnie sur les personnes et les choses, tandis que, de l'autre, il est protégé, lui et les siens, par la saisie judiciaire elle-même, contre toutes réponses et récriminations ; et c'est ainsi qu'un représentant de la politique de 1840 elle-même a pu impunément adresser au vainqueur de Solférino cette étrange question : « Qu'avez-vous fait de la France ? »

Quoi qu'il en soit, il est à présumer que des prétentions si clairement avouées se reproduiront de nouveau, que l'exemple donné sera suivi, et que le Gouvernement qui a tiré la France de l'abîme va de nouveau se trouver exposé aux insultes de ceux-là mêmes qui l'y avaient laissé tomber. Déjà, il m'est revenu que des écrits du même genre se préparent en ce moment ; que, mieux avisés, les instigateurs ou les auteurs de ces petites manœuvres se flattent d'échapper, même dans la personne des imprimeurs, aux rigueurs de la justice, par des artifices de rédaction et de publication, espérant ainsi, à travers les fissures de la loi, pénétrer impunément jusqu'au cœur de nos institutions.

Mais le Gouvernement ne peut tolérer que de pareils scandales se renouvellent. En ce qui me concerne, plus je m'efforce à rester fidèle à la pensée libérale du 24 novembre, en favorisant la liberté de discussion, plus je dois me préoccuper de défendre l'Etat lui-même contre les attaques de ses ennemis. Je vous invite donc à surveiller avec soin toutes les tentatives de publications qui seraient faites au nom de personnes bannies ou exilées du territoire. De quelque nature que puissent être ces publications, sous quelque forme qu'elles se produisent, livres, journaux, brochures, vous devez procéder sur-le-champ à une saisie administrative, m'en référer immédiatement et attendre mes instructions.

Recevez, Monsieur le Préfet, l'assurance de ma considération très-distinguée.

Le Ministre de l'Intérieur,

Signé : F. DE PERSIGNY.

Confidentielle.

Paris, le 16 mai 1861.

CIRCULAIRE

(Personnel des Commissaires de police.)

Monsieur le Préfet, les commissaires spéciaux de police établis à la frontière ou sur certains points du littoral de la Manche sont assez fréquemment appelés à saisir soit des manuscrits, soit des brochures, dont se trouvent porteurs des individus se présentant pour entrer en France.

Les découvertes de ce genre pouvant exiger des mesures de répression immédiate à prendre soit à Paris, soit dans d'autres localités, il importe que j'en sois informé sans le moindre délai. Je vous prie, en conséquence, monsieur le Préfet, de vouloir bien prescrire aux commissaires spéciaux de police en fonctions dans votre département de me transmettre directement les écrits, brochures ou autres documents pouvant intéresser la sûreté publique dont ils auront opéré la saisie, en mettant sur leur envoi la suscription suivante :

MINISTÈRE DE L'INTÉRIEUR

DIRECTION GÉNÉRALE DE LA SURETÉ PUBLIQUE

Quai des Orfèvres, 26

A S. E. Monsieur le Ministre de l'Intérieur

A PARIS.

Ils devront en même temps informer M. le Préfet de police, par dépêche télégraphique, de l'envoi fait au Ministère de l'Intérieur.

Il est bien entendu que ces instructions, données en vue de pourvoir aux mesures urgentes que les circonstances peuvent exiger, ne changent rien aux rapports qui doivent vous être faits à vous-même. Les commissaires spéciaux de police devront continuer à vous rendre compte, comme par le passé, de tous les faits intéressant à un titre quelconque l'ordre ou la sûreté publique, venus à leur connaissance.

Recevez, Monsieur le Préfet, l'assurance de ma considération très-distinguée.

Le Ministre de l'Intérieur,

Signé : F. DE PERSIGNY.

Pour expédition :

LE PRÉFET DE POLICE,
Chargé de la Direction générale de la sûreté publique.

Confidentielle.

Paris, le 15 juillet 1863.

(Choix des Magistrats municipaux.)

Monsieur le Préfet, en examinant les derniers états trimestriels des mutations opérées dans le personnel des fonctionnaires municipaux à votre nomination, j'ai remarqué la désignation de « démissionnaire » appliquée à un certain nombre de ces fonctionnaires, sans qu'aucune explication fasse connaître s'ils ont donné leur démission volontairement ou sur la mise en demeure de l'autorité supérieure.

Je désire qu'à l'avenir vous insériez dans votre travail des observations sommaires qui me permettent d'apprécier le caractère et les raisons des changements survenus dans les mairies de votre département.

A ce propos, je crois devoir vous recommander tout particulièrement d'apporter un soin extrême dans les nominations que vous serez appelé à faire. Aujourd'hui, plus que jamais, il ne faut confier les fonctions municipales qu'à des hommes sûrs et entièrement dévoués. L'importance du concours que les maires et les adjoints ont généralement prêté au Gouvernement lors des dernières élections, de même que les défections de plusieurs d'entre eux, prouvent que le choix de ces magistrats doit être, au point de vue politique surtout, l'objet de la sollicitude la plus sérieuse de votre part.

Recevez, etc.

Signé : DE LAVALETTE.

Confidentielle.

Paris, le 11 août 1863.

(Instructions relatives aux Conseils généraux.)

Monsieur le Préfet, à l'approche de la session ordinaire des Conseils généraux, je crois utile de renouveler les instructions que mes prédécesseurs vous ont adressées en pareilles circonstances.

Les Conseils généraux n'ont le droit de délibérer et d'émettre leur avis que sur les matières administratives dont la connaissance leur est attribuée par les lois ; ils doivent s'abstenir de toute manifestation politique ; aucun de leurs membres n'est autorisé à discuter devant eux des questions dont l'appréciation n'appartient qu'au chef de l'État ou à son Gouvernement.

Je vous prie donc, Monsieur le Préfet, d'employer votre action officieuse pour empêcher toute délibération et toute présentation ou discussion d'adresse qui aurait un caractère politique, et d'user de vos conseils et de votre influence auprès du président de l'assemblée pour le déterminer à observer la même réserve dans le cas où il aurait l'intention de prononcer une allocution en prenant possession de son siége.

Dès que les travaux du Conseil seront terminés, vous me rendrez compte, dans un rapport spécial, des incidents qui auront pu se produire et des votes les plus importants qui auront été émis dans le cours de la session.

Recevez, etc.

Confidentielle.

Paris, le 8 avril 1864.

CIRCULAIRE

(Au sujet des Bibliothèques populaires.)

Monsieur le Préfet, depuis bientôt deux ans, des associations privées, et entre autres la Société *Francklin*, fondée à Paris avec l'autorisation de l'un de mes prédécesseurs, ont institué, sur divers points de l'Empire, des bibliothèques populaires ayant pour objet de mettre en lecture des livres particulièrement destinés à la classe ouvrière.

L'intention du Gouvernement n'est pas de contrarier le développement d'une œuvre qui semble avoir un but honorable; mais son devoir est de veiller à ce que les bibliothèques populaires, en se multipliant, ne favorisent pas des abus qui changeraient la destination première de ces établissements et les transformeraient en foyers de propagande ou d'intrigues politiques. Il ne faut pas que, trompant les sages précautions de la loi, qui entoure de tant de garanties l'industrie du colportage, de prétendus amis des classes laborieuses répandent et propagent des livres dont les doctrines, mal comprises ou commentées avec ignorance, fourniraient un dangereux aliment à la curiosité et aux mauvaises passions.

Je ne saurais trop éveiller votre sollicitude sur ce point important. Autant il est convenable de seconder, de favoriser tout ce qui a pour but de moraliser et d'instruire le peuple, autant il est indispensable de le garantir des funestes effets que produiraient sur lui des doctrines antisociales et de fâcheuses lectures.

A cet égard, je ne vous tracerai point de règle absolue. A Paris, l'organisation des bibliothèques populaires est soumise à certaines conditions de police et de surveillance évidemment bonnes pour une grande capitale; mais ces dispositions réglementaires ne présenteraient pas la même utilité dans les départements, et MM. les Préfets, responsables du maintien de l'ordre, peuvent admettre les modifications et les tempéraments que leur semblent exiger les convenances locales. Je me bornerai donc à appeler votre attention sur quelques points dont l'observation aura, je l'espère, pour effet d'introduire dans l'institution dont il s'agit une certaine uniformité destinée à faciliter l'action administrative.

Ainsi, il me semble que lorsqu'une association viendrait à se former en vue d'établir une bibliothèque populaire, MM. les Préfets, après en avoir examiné et approuvé les statuts, devront m'en référer, ainsi qu'ils font lorsqu'il s'agit d'ouvrir un cercle. Il y a ici une analogie incontestable, et le Gouvernement a un intérêt sérieux à connaître les règlements et les conditions de toute société de ce genre.

Il me paraît indispensable que le président de l'association soit nommé ou agréé par le Préfet : si un comité est désigné pour administrer la bibliothèque et former le catalogue, les membres de ce comité doivent également être proposés au choix ou à l'agrément du Préfet au chef-lieu du département, et du Sous-Préfet dans chaque chef-lieu d'arrondissement; autant que possible, le Maire de la ville devra être nommé président honoraire.

Le catalogue des livres mis en lecture ne devra comprendre que des ouvrages professionnels, utiles, appartenant à une littérature saine, et propres à moraliser ou à instruire les classes ouvrières. On devra en éliminer avec une juste sévérité les romans dont la lecture pourrait laisser une impression regrettable; on aura soin également d'exclure les livres de polémique sociale ou religieuse, et ceux qui, sous prétexte d'économie politique, pourraient servir à propager des théories dangereuses ou subversives.

Les catalogues devront chaque année être soumis à l'examen de l'autorité.

Il serait bon que les souscripteurs ne fussent point admis à se réunir en assemblée générale sans une autorisation préalable qui ne devrait être accordée qu'avec réserve.

Je le répète, Monsieur le Préfet, ce n'est point ici une réglementation absolue que je trace : ce sont des conseils que je donne, vous laissant toute latitude pour développer ces idées et en assurer l'application selon les besoins locaux, et dans les limites de la prudence. L'essentiel est que vous vous pénétriez bien de ma pensée, et que des établissements dont j'apprécie l'opportunité, s'ils sont sagement dirigés, ne soient pas transformés en écoles révolutionnaires ou en autant de centres de propagande.

Cette circulaire est toute confidentielle : vous vous abstiendrez de lui donner la moindre publicité et de la reproduire dans le recueil de vos actes administratifs. Vous vous bornerez à la prendre pour règle lorsque viendraient à vous être signalées des démarches ayant pour but la fondation d'une ou de plusieurs bibliothèques populaires dans le département que vous administrez.

Recevez, Monsieur le Préfet, l'assurance de ma considération très-distinguée.

Le Ministre de l'Intérieur,

Signé : P. BOUDET.

Confidentielle.

Paris, le 13 avril 1865.

(Rapports politiques des Préfets.)

Monsieur le Préfet, j'ai déjà eu l'honneur de vous adresser des instructions au sujet des rapports politiques que vous devez me faire parvenir périodiquement. Vous avez compris qu'au lieu d'embrasser dans une circulaire d'ensemble la direction générale à donner au service, mon intention est de vous faire connaître successivement mes vues sur les principales questions qui rentrent dans les attributions du Ministère de l'Intérieur.

Je veux aujourd'hui appeler votre attention sur la règle que vous aurez à suivre dans vos rapports avec les populations, et sur l'importance que j'attache à ce que vous et vos collaborateurs fassiez dans vos circonscriptions des tournées fréquentes et pratiques.

Je sais, monsieur le Préfet, et je vous en loue, que vous consacrez aux affaires du chef-lieu tous les soins qu'elles comportent, et aux relations sociales le temps qu'elles sont en droit d'exiger; vous trouvez là le moyen de fortifier votre action et d'étendre votre influence. Mais vous ne devez pas seulement vous concilier les sympathies des administrés avec lesquels vous êtes en contact quotidien, il faut vous souvenir sans cesse que d'autres intérêts réclament votre sollicitude et profiteraient de votre présence.

Une circulaire de l'un de mes prédécesseurs a prescrit que dans le délai de deux ans toutes les communes de votre département devraient être visitées soit par vous, soit par MM. les Sous-Préfets. La mesure est excellente, mais elle n'a pas été, sur tous les points, suffisamment mise à exécution; de plus, l'une des tournées prescrites se confond avec celle du recrutement, qui est forcément rapide et chargée de soins de toute nature. Il ne faut pas, d'ailleurs, que les populations rurales ne vous voient au milieu d'elles qu'au moment où vous y êtes appelé par les exigences de ces fonctions spéciales. Il importe qu'elles vous voient vous imposer les mêmes déplacements pour venir étudier sur place leurs affaires et leurs besoins. Il importe que non-seulement vous soyez accessible à tous, mais encore que vous alliez à ceux qui ne peuvent venir à vous. Les grands intérêts s'affirment toujours, les petits sont souvent timides. Mais l'Empire doit étendre également sur tous sa justice distributive; et celle-ci est d'autant plus efficace qu'elle est rendue de plus près.

C'est surtout quand des divisions locales ou des renseignements contradictoires laissent incertaine la meilleure solution à donner aux affaires, que votre présence devient indispensable. La vue des lieux vous en apprendra plus qu'une longue correspondance; votre intervention personnelle fera jaillir la lumière du choc même des intérêts, et elle sera surtout efficace pour ménager entre les prétentions opposées une conciliation équitable.

Entretenez donc avec vos administrés ces rapports constants qui cimentent la confiance après l'avoir fait naître, et quand vous aurez à faire appel à leur concours, vous trouverez des relations sûres et des amis dévoués.

Faites vous-même et demandez à MM. les Sous-Préfets des tournées fréquentes et uniquement consacrées à visiter les communes éloignées du chef-lieu ; écoutez toutes les plaintes, ne négligez aucune réclamation. Il n'est pas de petits intérêts pour les intéressés, et une simple question d'alignement, qui n'est pour l'administration qu'une affaire de détail, est souvent celle qui préoccupe le plus le citoyen qu'elle concerne, et qui lui inspirera le plus de mécontentement contre une administration négligente, le plus de reconnaissance pour une administration active et vigilante.

Il faut donc, monsieur le Préfet, sans laisser en souffrance les grandes affaires auxquelles l'Empereur vient de donner une nouvelle et énergique impulsion, vous occuper aussi des petites, veiller à ce qu'elles reçoivent toujours une solution prompte et consciencieuse. Grâce à cette application soutenue, qui ne laissera rien péricliter, vous développerez votre influence par les moyens les plus dignes de l'administration, et vous retrouverez dans les sympathies du pays ce que vous lui aurez donné en dévouement.

Je sais, monsieur le Préfet, que votre concours intelligent et dévoué ne me fera pas défaut, et que vous et vos collaborateurs vous vous conformerez à mes instructions. L'Empereur attache un intérêt considérable à ce qu'elles soient exactement suivies. Je veillerai à l'exécution de ses ordres, et j'ai la certitude que je lui apporterai bientôt la preuve que l'administration française redouble de zèle pour son service, et qu'elle est plus que jamais digne de sa confiance.

Recevez, monsieur le Préfet, l'assurance de ma considération très-distinguée.

Le Ministre de l'Intérieur,

Signé : DE LAVALETTE.

Confidentielle.

Paris, le 15 avril 1865.

CIRCULAIRE CONFIDENTIELLE

(Communications d'une nature confidentielle)

Monsieur le Préfet, ma circulaire du 8 avril vous a fait connaître mes intentions à l'égard des comptes rendus mensuels que vous devez m'adresser sur la situation politique, industrielle et morale de votre département.

Indépendamment de ces rapports périodiques, vous pouvez avoir à me transmettre d'autres communications d'une nature plus confidentielle. Qu'il s'agisse des hommes ou des choses, le Gouvernement ne doit rien ignorer de ce qui, à un degré quelconque, intéresse sa politique. Il faut qu'il soit informé sans retard; il faut surtout qu'il connaisse, dans toute leur vérité, tous les détails des situations. Lors donc qu'il se produira dans votre département un fait de quelque importance, n'hésitez pas à me le signaler librement, nettement, sans aucune réticence : vos rapports seront pour moi seul.

Également dévoués au service de l'Empereur, nous devons tous nous inspirer des sentiments d'une confiance réciproque. La mienne vous appartient. Je compte aussi sur la vôtre, et je vous la demande dans l'intérêt de l'œuvre que nous poursuivons tous.

Recevez, monsieur le Préfet, l'assurance de ma considération très-distinguée.

Le Ministre de l'Intérieur,

Signé : DE LAVALETTE.

DEUXIÈME PARTIE

RAPPORTS & NOTES

DE 1851 A 1870

1º Rapport a l'Empereur sur le régime de la Presse.
2º La Presse et les Écrivains sous l'Empire.
3º Note sur le service de la Presse.
4º Rapports sur la Presse départementale.
5º Rapports sur le Colportage.
6º Note sur l'Emprunt mexicain.
7º Note sur la saisie des lettres.
8º Note sur l'emploi des fonds secrets.
9º Dépenses relatives au coup d'État de 1851.

I

DIRECTION DE LA PRESSE

RAPPORT A L'EMPEREUR

Confidentiel. *Minute-Copie.*
1856.

RAPPORT A L'EMPEREUR

Sire,

Lorsque le ministère de la Police générale fut créé, la presse française était encore sous le régime de l'état de siége. Dès que la censure préalable disparut, le Gouvernement put craindre que les journaux ne reprissent leurs anciennes allures. Le décret du 17 février donnait, il est vrai, le droit de réprimer leurs écarts; mais le pays, habitué depuis quarante ans à une liberté presque sans limites, aurait vu avec un certain mécontentement la suppression par simple mesure administrative de feuilles aussi répandues que le *Siècle*, l'*Assemblée nationale*, la *Presse,* ou le *Journal des Débats.*

Le Directeur de la Librairie devait tenir un juste milieu très-difficile : prévenir les excès de la presse afin de n'avoir pas à les réprimer, faire excuser les rigueurs de la loi par l'aménité des formes, diriger en quelque sorte incessamment non pas seulement la presse gouvernementale, mais la presse opposante elle-même, en la tempérant et en lui prodiguant les avertissements officieux avant d'employer l'arme à deux tranchants des avertissements officiels et des procès dont le retentissement est toujours regrettable.

C'est là incontestablement l'esprit du nouveau décret; c'est du moins ainsi que je l'ai compris et que je l'ai exécuté.

A l'exception du *Corsaire*, qui n'a pas excité le moindre regret, aucun journal n'a été supprimé; tous ont conservé assez d'indépendance pour discuter convenablement les actes du pouvoir et assez d'intérêt pour ne pas perdre leurs abonnés. Tous se louent du système qui a été suivi.

Mais, pour prévenir les écarts de la presse, il fallait organiser une surveillance intelligente et active, il fallait avoir de nombreux agents occupés à lire, à analyser ou à traduire avec soin tous les journaux de Paris, tous ceux des départements ainsi que leurs correspondances, tous ceux de l'étranger. (Il existe à Paris plus de quatre cents feuilles ou recueils périodiques; dans les départements on compte encore près de trois cent cinquante journaux politiques; en Allemagne seulement il y a huit cents journaux d'une importance réelle, et cinquante-deux s'impriment en français sur les bords du Rhin.) Il fallait organiser à l'extérieur un service régulier, s'y créer, ainsi qu'en France, des relations assurées afin d'avoir plus tard des intelligences dans la plupart des organes importants des divers pays; il fallait préparer des dossiers ostensibles et des dossiers secrets; chaque journal, chaque correspondance, chaque rédacteur, devait, selon moi, avoir le sien; il fallait enfin que des bureaux fussent formés pour correspondre chaque jour avec les Préfets, les membres du Parquet, les divers Ministères, les agents français à l'étranger et les parties intéressées.

Aucun service spécial à la presse n'existait alors ; le régime inauguré par le décret du 17 février étant complétement nouveau, il n'y avait point de précédent : j'avais tout à créer, tout à organiser.

Ainsi, pour citer un exemple entre beaucoup d'autres, Votre Majesté n'apprendra peut-être pas sans étonnement que les journaux étrangers n'étaient pas surveillés sous le Gouvernement précédent, qu'on ne savait jamais exactement ce qu'ils publiaient. Aucun ministère n'avait de traducteurs spéciaux ; on ne connaissait que par l'intermédiaire de M. Havas ce qu'ils contenaient. Or M. Havas, industriel et spéculateur qui a successivement servi tous les pouvoirs, ne recevait qu'un petit nombre de feuilles étrangères et était d'ailleurs parfaitement libre de ne traduire que ce qui lui convenait.

J'ai pensé que le Gouvernement devait être aussi bien renseigné par lui-même sur tout ce qui se publie à l'étranger que sur tout ce qui se publie en France.

Et depuis plus d'un an, dès cinq heures du matin, on traduit chaque jour, dans les bureaux mêmes de l'administration des Postes, tout ce qui peut intéresser le Gouvernement français dans tous les journaux du monde, et cette traduction, envoyée de demi-heure en demi-heure à la Direction de la Librairie, y est aussitôt recopiée et transmise aux Ministres d'État et des Affaires étrangères.

Il résulte un double avantage du service établi à la Poste : le Gouvernement dispose sans les moindres frais de la plupart des journaux étrangers, et peut au besoin en empêcher la distribution.

Malheureusement le personnel officiel de la direction qui m'était confiée était loin d'être suffisant, et M. de Maupas, craignant que le Corps législatif ne lui refusât un supplément d'allocation, ne voulut point en faire la demande.

Je fus obligé de prendre des auxiliaires, payés avec les fonds secrets, en nombre supérieur à celui des employés réguliers. Ce fut ainsi que j'attachai à la Direction de la Librairie une certaine quantité d'hommes de lettres d'un talent reconnu, mais qui se trouvaient sans ressources (MM. Jules de Saint-Félix, Henry Berthoud, Marie Aycard, Nicolle, Déaddé, Saint-Yves, André Thomas, Albert Maurin, Charles Nisard, Rapetti, Isidore Vien, Félix Sorel, Susini, etc., etc.).

Ce personnel supplémentaire s'augmenta avec les besoins du service, et dans les derniers temps de mon administration j'avais près de quarante employés hors cadre, travaillant de six heures du matin à six heures du soir et formant en réalité, avec les employés officiels, deux sections et six bureaux distincts.

Cette organisation, reconnue nécessaire par M. Collet-Meygret, a été maintenue par lui ainsi que tout ce que j'avais fait.

Elle est cependant loin de présenter les avantages de l'organisation régulière que je sollicitais.

Tout imparfaite qu'elle fût, elle m'a cependant permis de poser les bases d'une direction sérieuse de l'esprit public et d'une surveillance réelle des publications françaises et étrangères.

La presse de Paris me paraissant mériter une attention toute spéciale à cause de ses relations avec les chefs des divers partis, j'étais parvenu à me créer des intelligences dans tous les journaux politiques, et un rédacteur au moins m'était acquis dans chacun d'eux.

Les rapports de M. de Maupas ont pu convaincre Votre Majesté que je connaissais presque toujours d'avance ce qui devait paraître dans les feuilles de l'opposition, et que bien souvent je suis parvenu à empêcher la publication d'articles qui auraient produit sur l'opinion le plus mauvais effet.

M. le Ministre des Affaires étrangères pourrait aussi dire à Votre Majesté que fréquemment j'ai fait insérer dans la *Presse*, l'*Assemblée nationale* et le *Siècle* des documents utiles, mais qu'il y aurait eu un grave inconvénient à mettre dans les journaux dont les relations avec le pouvoir sont connues.

Quant à la presse départementale, l'expérience me convainquit promptement qu'il était nécessaire de centraliser à Paris la répression de ses écarts et l'impulsion qui devait lui être donnée.

Soixante-six avertissements avaient frappé les journaux de province en moins de six semaines, lorsqu'il fut décidé, sur ma proposition, que les Préfets n'en signifieraient aucun avant d'avoir préalablement pris l'avis du Ministre. L'utilité de cette centralisation se fit également sentir lorsqu'il s'agit de la répartition des annonces judiciaires.

Les rédacteurs de toutes les feuilles importantes des départements se trouvaient d'ailleurs en rapports suivis avec ma direction qui, par des correspondances générales autographiées, leur donnait une impulsion et recevait souvent d'eux d'utiles renseignements.

Les journaux étrangers appartenant, comme ceux de la France, à des partis politiques, je ne pouvais pas raisonnablement espérer que j'exercerais sur la plupart d'entre eux une influence permanente.

Les correspondants qui n'enverraient à certains journaux que des articles favorables seraient bientôt remplacés. Le seul but que je devais me proposer, c'était, à un moment donné, de pouvoir faire publier un document utile dans les feuilles mêmes qui sont réputées les plus hostiles.

C'est ce qui a été fait plusieurs fois, notamment, selon les intentions de Votre Majesté, pour l'article de M. de la Guéronnière intitulé : *Napoléon III,* qui fut inséré *in extenso* dans toutes les feuilles de l'Angleterre et de l'Allemagne.

Cependant il ne suffit pas de savoir, par leur traduction, que des articles plus ou moins hostiles, plus ou moins favorables, sont publiés à l'étranger. Je devais être exactement renseigné sur les auteurs de ces articles et sur la source des nouvelles insérées. S'il est absolument impossible d'empêcher la publication de mauvais articles et de correspondances malveillantes, du moins est-il nécessaire de chercher à les contre-balancer par l'envoi dans tous les pays d'articles rectificatifs, de correspondances générales et de correspondances particulières.

Je m'étais mis, dans ce but, en relations suivies avec les correspondants officiels, patentés, des principaux journaux étrangers, de manière à agir sur eux chaque jour par de bons procédés ou par l'intimidation, selon leur caractère et leur importance.

Je prie Votre Majesté de vouloir bien me permettre de lui rappeler, en terminant, deux opérations importantes que j'ai été assez heureux pour terminer pendant le cours de mon administration. Je veux parler de la vente du *Constitutionnel* et du changement radical opéré dans la direction politique du *Courrier des États-Unis*.

L'acquisition du *Constitutionnel* par M. Mirès, acquisition qui n'a pas coûté une obole au Ministère, n'a pas seulement fait sortir ce journal des mains d'un homme qui, par suite d'un orgueil insensé, compromettait chaque jour la cause qu'il prétendait défendre ; elle a donné au Gouvernement la direction politique, complète, absolue, sans condition, du *Constitutionnel.* L'acte que M. de Maupas a remis à Votre Majesté, et que j'ai rédigé de concert avec M. Duvergier, en est la preuve irrécusable. Bien plus, la conséquence de cette acquisition a été d'assurer, en dehors de toute subvention, l'existence simultanée du *Constitutionnel* et du *Pays*.

Veuillez, Sire, etc.

LE DIRECTEUR DE L'IMPRIMERIE
ET DE LA LIBRAIRIE.

II

LA PRESSE ET LES ÉCRIVAINS

SOUS L'EMPIRE

NOTE REMISE AU MINISTRE DE L'INTÉRIEUR
PAR LA DIRECTION DE LA PRESSE

LA PRESSE ET LES ÉCRIVAINS

SOUS L'EMPIRE

L'auteur de l'*Histoire du règne de Louis-Philippe* a dit :

« On ne saurait trop le répéter, car l'histoire est la leçon de l'avenir : si la monarchie de 1830 a péri par la liberté de la presse, c'est qu'elle n'a pas su ou n'a pas daigné se servir de la presse, et qu'en laissant à ses ennemis la liberté de l'attaque, elle n'a pas même usé du droit de légitime défense. »

Si cela est vrai, que dira-t-on de l'Empire ? S'il est vrai que le Gouvernement de Juillet soit mort pour n'avoir pas su ou voulu se défendre, comment la sécurité de l'Empire ne serait-elle pas menacée?

L'Empire ne fait pas, en effet, pour se défendre, le quart des efforts que fit la Restauration, que fit le Gouvernement de Juillet, qu'il fit lui-même au début, lorsqu'il n'était pas sérieusement attaqué : la preuve en sera facile.

Sous la Restauration, sous le régime de Juillet, les journaux dévoués au Gouvernement furent toujours plus nombreux que les journaux d'opposition [1].

Sous l'Empire il n'en fut jamais de même. Au début, cependant, les forces étaient presque également réparties. En 1858, le tirage des journaux du Gouvernement s'élevait à 67,000 exemplaires, celui des journaux opposants à 75,000. C'était encore, à très-peu de chose près, l'égalité.

Mais à dater de cette époque l'équilibre se rompit. Chaque jour l'opposition gagna du terrain. Aujourd'hui elle compte 128,000 exemplaires, le Gouvernement 42,000 à peine [2].

Mais cette infériorité numérique n'est pas la seule. Elle n'est pas la plus regrettable.

Sous les régimes antérieurs, les journaux officieux (pour employer le mot malheureusement consacré) étaient tout au moins inspirés, souvent dirigés par les membres du Gouvernement eux-mêmes, rédigés par

---

[1]. Jusqu'aux dernières années de la Restauration, la presse gouvernementale représentait 40,000, et la presse d'opposition 2,000 exemplaires. Sous le Gouvernement de Juillet, les quatre grands journaux (*Débats*, *Constitutionnel*, *Siècle* et *Presse*), tous, avec des nuances diverses, également dévoués au pouvoir, comptaient à eux seuls 93,000 exemplaires. Avec les feuilles secondaires, on atteignait le chiffre de 100 à 110,000 exemplaires. La presse anti-dynastique n'atteignait pas la moitié de ce chiffre. A part le *National*, elle ne comptait que des feuilles sans grande portée et sans influence sérieuse.

[2]. On ne compte ici ni d'un côté ni de l'autre les 10,000 exemplaires de la *Presse* et de l'*Époque* : on les tient pour neutres. Pourtant, dans toutes les circonstances importantes, le Gouvernement est sûr de les avoir pour adversaires.

ses plus éminents serviteurs, écrivains célèbres, hommes d'État, ministres de la veille ou du lendemain [1].

Les membres ou les agents du Gouvernement ne se

[1] Sous la Restauration. — Un seul journal (*le Constitutionnel*) compte parmi ses rédacteurs réguliers, attitrés, MM. de Bonald, de Villèle, de Chateaubriand, Clausel de Coussergues, Mathieu de Montmorency, de Corbière, de Polignac, Berryer, de Fitz-James, de Fontanes, le cardinal de la Luzerne, etc., etc.

Le *Journal des Débats* est rédigé par MM. de Chateaubriand, Audibert (son chef de cabinet), Villemain, Fiévée, de Salvandy, de Bourqueney;

Le *Spectateur politique,* par les académiciens Droz, Lacretelle, Auger, Campenon;

La *Quotidienne,* par MM. de Vitrolles, Michaud, le baron d'Ekstein, le marquis de Maisonfort, Ch. Nodier, de Jussieu, etc.

On pourrait continuer longtemps l'énumération. En province même, à la tête des moindres feuilles, nous trouverions souvent des noms considérables. Rappelons seulement Fonfrède, à la tête de l'*Indicateur de Bordeaux.*

Sous le Gouvernement de Juillet.—MM. de Rémusat, Duvergier de Hauranne, Mérimée, etc., écrivent au *Constitutionnel,* sous la direction, quelquefois avec le concours de M. Thiers.

M. Waleski, sous la même inspiration, rédige le *Messager.*

Le *Journal des Débats* est fait par les membres les plus importants du Gouvernement.

Si de notre pays nous voulions jeter un coup d'œil sur les autres, partout nous verrions la presse conduite, maniée par des hommes d'État. Faut-il rappeler, en Italie, Cavour fondant avec le comte Balbo le *Risorgimento,* qu'il continue à diriger quand il est au pouvoir; Durando, Farini, Minghetti, Jacini, Visconti-Venosta, créant, dirigeant chacun un journal?

En Belgique, M. Nothomb inspirant le *Courrier des Pays-Bas;* M. Vilain XIV, l'*Avenir;* M. Deschamps, la *Revue nationale;* M. Orts, la *Presse belge;* le prince de Chimay, l'*Émancipateur?* Un seul journal (*la Politique*) compte parmi ses rédacteurs MM. Deveaux, Lebeau, Rogier, Deschamps, etc..... Tielmans, de Decker, Van Don Woyer enfin, exerçaient tous trois la profession de journaliste quand ils prirent des portefeuilles; ils conservèrent des relations étroites avec les journaux qui les avaient fait arriver.

En Angleterre, chaque journal relève de quelque homme d'État de l'un des deux partis, et reçoit directement ou indirectement son

bornaient pas à ce concours direct. Ils s'efforçaient d'enlever à l'opposition et de gagner à leur cause les écrivains de mérite : places, argent, égards, tous les moyens de séduction étaient employés. C'était, on peut le dire, l'un des soucis principaux du Gouvernement. Et ce souci semblait tellement légitime que dans ce temps, où les moindres peccadilles des pouvoirs étaient soigneusement épiées par l'opposition des Chambres, les subventions à la presse, avouées par les ministres, ne leur furent jamais reprochées.

Ce n'est pas tout : les écrivains, les journalistes ministériels, pouvaient prétendre aux plus hauts emplois. Ils devenaient préfets, conseillers d'État, parfois ministres. Un tiers du personnel gouvernemental et administratif pour le moins était recruté dans la presse. Du Gouvernement de Juillet surtout on peut dire que ce fut un Gouvernement d'écrivains [1].

inspiration quotidienne. Ces liens pour la plupart sont bien connus : inutile d'insister.

En Hongrie, tous les vieux noms qui dirigent la politique du pays doivent la meilleure part de leur influence aux services qu'ils ont rendus à la cause nationale dans les journaux fondés par eux : le baron Œtwos, pour tout le monde, c'est le *Pesti-Hirlap*; le comte Szechenyi, c'est le *Vilag*; le baron Kemenyi, c'est l'*Erdeley*.

L'Espagne elle-même, où la presse est si peu développée, nous montrerait l'*Heraldo* fondé par le comte San Luis; l'*El Porvenir*, par Bravo-Murillo; l'*Ami du Peuple*, par Gonzalès Bravo, etc.

1. Rappelons seulement les principaux noms, ceux qui se présentent les premiers à notre esprit. La liste sera nécessairement bien incomplète.

Parmi les ministres : Thiers, Salvandy (du *National*).

Parmi les pairs de France : Bertin de Vaux (des *Débats*).

Parmi les conseillers d'État : Michel Chevalier (du *Globe*), Saint-Marc Girardin (des *Débats*).

Parmi les maîtres des requêtes : Léon Pillet (du *Nouvelliste*), Moreau (du *Courrier Français*), Nisard (des *Débats*).

Ces administrateurs, ces hommes d'Etat sortis de la presse, conservaient avec elle des liens d'habitude et d'affection. Ils savaient en user, ils en usaient. Ils estimaient le talent d'écrire. Le moindre mérite littéraire était pour eux un titre aux faveurs officielles. Comme Fiévée avait été nommé préfet après son premier article de journal, Salvandy, très-jeune, complétement inconnu, pour avoir fait une brochure de quelques pages, était nommé maître des requêtes.

Malgré tant d'encouragements prodigués par lui, le Pouvoir ne se fiait pas absolument à ses défenseurs officieux. Il se défendait lui-même. Près du ministre principal, sous sa main, le Bureau de l'esprit public réunissait plusieurs plumes distinguées et chèrement rétribuées. Ainsi, sous le ministère Villèle, ce bureau

<hr />

Parmi les préfets : Lesourd (des *Débats*), Dunoyer (*Censeur Européen*), Thiessé, Gauja (du *National*), Bart (de la *France méridionale*), Armand Carrel (qui refusa). Beaucoup de journalistes de province sont nommés sous-préfets. L'un d'eux hésite à accepter, parce qu'il a 40,000 fr. de dettes : on les lui paye.

Citons encore MM. Taschereau (du *Courrier Français*), secrétaire général de la Préfecture de la Seine; Guéroult (des *Débats*), consul; Renard (du *Globe*), secrétaire général de la Justice; Merruau (du *Constitutionnel*), secrétaire général de l'Instruction publique; Cavé, directeur des Beaux-Arts; Gabourd, Louis Veuillot (rédacteurs de journaux de province), chefs de bureau au ministère de l'Intérieur; Henrion (de l'*Ami de la Religion*), procureur général; Lerminier, arraché à l'opposition par l'offre d'une chaire au Collége de France. — Cauchois-Lemaire refuse une pension de 6,000 fr., il accepte une place importante aux Archives.

Enfin, après les journalistes, il faudrait rappeler les professeurs qui, dans les revues ou dans leurs livres, soutenaient le Gouvernement comme les autres dans les journaux, les Guizot, les Villemain, les Cousin, les Rossi, etc.....

Quant à la République de 48, on pouvait l'appeler l'avénement des journalistes. Le *National* en masse s'installe au pouvoir : Bas-

était composé de Linguet[1], Bénaben, Sauvo et Delaunay; le premier recevait 24,000 francs, les trois autres 10,000 francs. Sous le Gouvernement de Juillet il fut encore mieux recruté, les ministres s'en occupèrent encore plus. On reprocha même à l'un d'eux, M. Duchâtel, de ne pas s'occuper d'autre chose[2]. Quant à M. Guizot, on sait quelle importance il avait donnée à ce service par l'entremise de son chef de cabinet, M. Génie.

Mais il ne suffisait pas de stimuler les écrivains dévoués, il fallait neutraliser les autres. On s'y employait activement. Tantôt on achetait leurs journaux : cela s'appelait *amortir* l'opposition, c'était le procédé favori des ministres de la Restauration; tantôt on payait leur silence. Certains journalistes recevaient 1,500 *francs par mois pour ne pas écrire*. Tantôt, sous prétexte de missions, on les éloignait. Capot de Feuillide fut ainsi tenu à distance pendant trois années consécutives. La mission de Loeve Weimars, dont la chronique à la *Revue des Deux-Mondes* taquinait plutôt qu'elle ne la

tide, Marrast, Duclerc, Cl. Thomas, Trélat, Charras (le rédacteur militaire), Dussard, Belliard, Caylus, pas un n'y manque. La *Réforme* était presqu'aussi bien représentée par Flocon, Caussidière, Charton, Ant. Thouret, etc.

Tels furent les hommes d'État de la Révolution. Quel fut le principal ministre de la contre-révolution ? Léon Faucher, encore un journaliste.

1. Un premier article de journal l'avait fait attacher au cabinet de M. Decazes. Celui-ci l'avait cédé à M. de Villèle. On sait quels services il rendit plus tard à M. Guizot.

2. « Il passe son temps, écrivait M. Abbatucci dans l'un de ses remarquables portraits parlementaires, à intriguer dans les couloirs de la Chambre et à diriger le Bureau de l'esprit public, qu'il a auprès de lui. »

gênait sérieusement la politique de M. Thiers, coûta plus de 60,000 francs.

Plus d'un million était ainsi dépensé chaque année en subventions directes ou déguisées. En onze mois, un seul journal, *l'Époque*, reçut 1,100,000 francs. Nous ne parlons pas des concessions : concessions de théâtres (revendues jusqu'à 100,000 francs, comme celle du Théâtre-Historique accordée à la même *époque*), concessions de numéros de voitures, de lignes d'omnibus ni d'autres faveurs secondaires : nous serions entraînés trop loin.

Et pourtant, on l'a vu au début de cette note, les historiens du Gouvernement de Juillet accusent ses ministres de n'avoir pas assez fait pour la presse. Bien mieux, ceux-ci s'en accusent eux-mêmes. M. Guizot dit, dans le tome III de ses *Mémoires* :

« Pour vivre avec une presse libre, il faut que le pouvoir et ses amis n'hésitent pas à se servir eux-mêmes de la liberté de la presse, à s'en servir habituellement, énergiquement, à soutenir cette lutte *comme des champions dans l'arène, non comme des accusés sur leur banc*. Un habile et honnête journaliste écossais, M. Mac-Laren, fondateur de l'un des journaux les plus accrédités de son pays, *the Scotchman*, vint en France pendant mon administration ; il s'étonnait que le Gouvernement, dont il approuvait et honorait la politique, n'eût pas dans la presse périodique un plus grand nombre de partisans volontaires, et qu'une majorité parlementaire qui représentait si évidemment de grands principes et de grands intérêts sociaux ne créât pas elle-même pour sa cause de plus multipliés et de plus actifs organes. Il avait raison de s'étonner et il touchait là à une des faiblesses du parti conservateur en France [1]. »

Si tel est le langage des historiens sympathiques et des ministres mêmes du Gouvernement de Juillet, quel sera le langage des amis de l'Empire ?

Que fait l'Empire pour la presse ? que tente-t-il pour augmenter ses forces et diminuer celles de ses ennemis ? quel cas fait-il du mérite littéraire ? quelle estime a-t-il pour les écrivains ? Au début, il parut sentir le prix de leur concours. Il choisit dans les rangs de la presse plus d'un fonctionnaire élevé, plus d'un candidat à la députation : MM. de Laguéronnière, Boilay, Merruau, de Bouville, de Montour, Latour-Dumoulin, Collet-Meygret, Anselme Petetin, O'Quin, Granier de Cassagnac, étaient journalistes.

Par l'exemple de ces faveurs et par d'autres moyens, on cherchait à rallier au Gouvernement les hommes de plume, et par eux à manier l'opinion. On en comprenait le besoin, on y consacrait beaucoup de soins. La *Revue contemporaine* était enlevée à l'opposition et largement subventionnée. Elle devenait un centre de polémique gouvernementale. Elle attirait beaucoup d'écrivains distingués, tout prêts à écrire dans les journaux officieux. Pendant près d'une année, trois fois par semaine, ces écrivains (MM. Weiss et Hervé, deux des plumes les plus brillantes de la presse hostile, étaient

---

[1]. Il est bon de remarquer que la plupart des journaux dont parle M. Guizot, adversaires de son administration et du parti conservateur, n'en étaient pas moins fidèlement attachés au trône et au principe dynastique.

du nombre) publiaient dans le *Constitutionnel* des articles *Variétés*, où l'on faisait de la politique sous prétexte de littérature, et qui donnèrent un moment à cette feuille, aujourd'hui si déchue, l'autorité, le prestige de l'ancien *Journal des Débats*.

Alors on lisait dans une seule feuille (la *Patrie*) des articles de M. Le Play, de M. Herman (sénateur) et de M. Forcade de la Roquette. A côté de ces collaborateurs irréguliers, la *Patrie* comptait à la même époque, parmi ses rédacteurs ordinaires, MM. Delamarre, Cucheval-Clarigny, Paulin Limayrac, Alph. Tranchant, etc., etc. Au *Pays*, nous trouvons réunis les noms de MM. de Laguéronnière, Edme Collot, Lequien, députés; Évariste Bavoux, conseiller d'État; Cohen, Eugène Rendu, l'abbé Moigno, Eugène Guinot, Paul de Saint-Victor, Barbey d'Aurevilly, Capefigue, etc.

Enfin, dans les mains de MM. Collet-Meygret, Salles et de Laguéronnière, la direction de la Presse fut ce qu'elle devait être, une véritable direction de l'esprit public. Et pourtant alors le Gouvernement était facile. L'opposition ne songeait pas à la lutte; elle n'existait plus. On eût pu, sans grand péril, négliger de se défendre.

Mais, depuis ce temps, combien les choses ont changé! A mesure que les attaques de l'opposition devenaient plus pressantes, la défense faiblissait, et plus le secours de plumes habiles devenait nécessaire, moins on semblait le rechercher. La direction de la Presse passa des habiles mains de M. de Laguéronnière aux mains d'un homme plein de bonne volonté, mais pour qui le journalisme était un instrument absolument inconnu. Il ne sut point en user. Il prit ou fit prendre à ces bureaux l'habitude, qui a prévalu et qui subsiste encore, d'administrer la presse comme on administre les hospices ou les forêts. On se borna à surveiller, à épier, à classer. Quant à exercer une influence sur l'opinion, à recruter pour le Gouvernement, à entamer les rangs de l'opposition, on n'y parut même plus songer.

Malheureusement, sous les administrations suivantes ces traditions ont été maintenues.

On ne consacre pas à cette grande affaire la moitié, le quart du temps, des soins, des ressources qu'on jugeait autrefois nécessaires. Ainsi, n'est-il pas regrettable qu'au lieu d'augmenter le chiffre des subventions, on l'ait notablement diminué? que certaines feuilles de province se soient vu retirer les *quinze cents francs*, les *douze cents francs* qui leur étaient nécessaires et qui ne chargeaient guère le budget? que la *Revue contemporaine* ait été rejetée dans l'opposition? Bien avant elle, la plupart des recrues qu'elle avait faites, les Hervé, les Weiss, les Villetard, dix autres, blessés de l'indifférence qui leur était témoignée, avaient pris le même chemin.

En effet, que voyaient-ils? Un journaliste siége au Sénat, mais y représente un journal d'opposition, exemple peu encourageant. Un grand critique y siége à ses côtés, mais après quel stage!

Hors de ces hommes, quels sont les écrivains politiques que la faveur impériale ait, depuis dix ans, encouragés? Quels sont les journalistes auxquels les carrières publiques aient été ouvertes? Il en est peu, sans doute, qui semblent naturellement destinés à ces faveurs. Pourquoi? Parce que ceux qui pouvaient y prétendre ont compris depuis longtemps que de ce côté n'était pas le chemin de la fortune.

En dehors du journalisme, un défenseur spontané se produit-il? Paraît-il une brochure, un livre signé d'un nom nouveau? Quelque favorables à l'Empire que soient ces œuvres, quelque talent qu'elles révèlent, le Gouvernement n'en tient nul compte, il les ignore. Les journaux du Gouvernement ne les annoncent seulement pas. Si l'auteur appartient à une administration publique, des services de cet ordre ne l'y servent pas [1].

L'auteur de cette note connaît un écrivain de grand talent qui fit, au début de sa carrière, sans la signer, une brochure plus remarquable, assurément, que celle qui valut à M. de Salvandy son titre de maître des requêtes. Les chancelleries européennes s'en émurent, et, d'un commun accord, l'attribuèrent à M. de Ficquelmont : c'est tout dire. La seule chancellerie où l'on ne s'émut pas, où peut-être on ignora cet écrit, fut la chancellerie de France. Le jeune auteur y était cependant employé. Sait-on où il est aujourd'hui? Dans un petit poste consulaire d'Orient, où il végète depuis plus de douze ans. Il n'a plus écrit une seule ligne : à quoi bon! Peut-être n'a-t-il plus de talent? Qu'aujourd'hui l'on prononce son nom, soit dans les bureaux de la

---

[1]. S'il appartient au Conseil d'État, s'il est auditeur ou maître des requêtes, ils lui nuisent positivement. Il serait aisé de citer des faits, des noms.

Presse, soit au Ministère des Affaires étrangères, nul à coup sûr ne se doutera que c'est celui d'un homme qui fût devenu, si on l'eût voulu, un écrivain de premier ordre. Et qu'on ne croie pas que ce fut là un fait isolé.

Une telle indifférence pour le mérite littéraire doit étonner de la part d'un Gouvernement qui a l'honneur d'avoir à sa tête un grand écrivain.

La plume seule est négligée ; la parole reçoit les honneurs qu'elle mérite. S'en est-on mal trouvé ? Mais combien la parole elle-même serait plus forte si elle était convenablement soutenue par la presse !

Sommes-nous seuls à constater cette étrange lacune ? Non, certes : d'autres l'ont signalée, mais de ceux seulement qui en étaient victimes et qui, du camp gouvernemental, avaient été rejetés dans les rangs opposés.

Ainsi, récemment, la *Revue contemporaine*, à propos du discours de M. de Persigny et du refus par la Société des gens de lettres des dix mille francs qui lui avaient été attribués, signalait, en la déplorant, « l'antipathie qu'on avait su créer dans les classes lettrées contre le Gouvernement ».

« M. de Persigny, disait-elle, se fait une grande illusion s'il croit pouvoir compter sur la jeunesse : on a pris grand soin de l'éloigner du Trône comme la génération qui l'a précédée. L'Empire a eu un moment où il pouvait conquérir tous les esprits, tous les jeunes gens qui sentaient vibrer en eux quelque talent. Libres du côté du passé qu'ils n'avaient pas connu, ils ne demandaient, pour fortifier de leur intelligence l'autorité que les suffrages de la nation avaient mise aux mains de l'Empereur, que la reconnaissance de leurs droits intellectuels, c'est-à-dire un peu de liberté et un respect sincère de leur indépendance. Il en fut peut-être ainsi un instant dans la pensée du Prince, il y eut du moins une préoccupation véritable de l'avenir; mais cette préoccupation était trop isolée dans le Gouvernement pour porter ses fruits. Il eût fallu autour du souverain des hommes amis des lettres, pleins d'estime pour l'intelligence, jaloux de lui faire honneur et non de l'humilier. Une juste déférence pour cette souveraine des esprits eût plus contribué à la gloire et à la consolidation de l'Empire que d'éclatantes victoires. On pouvait se dispenser d'aller à Pékin et surtout à Mexico, si l'on avait su comprendre et développer les ressources que l'on avait ici sous la main, dans ces nouvelles générations tout éprises des idées généreuses et toutes frémissantes d'une ambition légitime. Qu'ont fait, au contraire, depuis quelques années, les hommes sur qui le souverain s'est déchargé d'une partie de son pouvoir? Comptez combien d'ennemis ils ont suscités à l'Empire, et quelles recrues ils ont données à l'opposition! Arrogance des uns, maladresse des autres, défaut de tact, mauvais procédés, il semble qu'il y ait eu conjuration pour isoler le souverain au milieu des classes éclairées de la nation. Presque toute cette nouvelle génération, qui ne demandait qu'un peu de lumière, et qui était venue à elle quand elle avait cru la voir apparaître, s'est peu à peu éloignée, parce qu'en approchant elle n'a rencontré que ténèbres; elle a perdu courage, et la confiance s'en est allée. »

Elle a perdu courage! Or on a dit ce mot profond :

« Les gouvernements ont moins à redouter les attaques de leurs adversaires que le découragement de leurs amis. »

Presque en même temps, un autre de ces nombreux écrivains qu'on a laissés retourner à l'opposition après les avoir gagnés pendant plusieurs années à la cause impériale, M. Hervé, disait également :

« Il y a sans doute certains genres de services que l'on récompense aujourd'hui avec une large et facile générosité... Les services dont on paraît faire peu de cas, ce sont ceux que nous appellerons intellectuels. Les hommes auxquels on ne prodigue ni les faveurs, ni les honneurs, ni les éloges, ce sont ceux qui mettent leur plume et leur esprit au service d'une cause qui a grand besoin pourtant d'être défendue par de telles armes, puisque c'est par de telles armes qu'elle est attaquée... Est-ce ingratitude de la part du Gouvernement? Non, c'est modestie. Il ne peut se persuader qu'il y ait des gens d'esprit ailleurs que dans l'opposition, et c'est là qu'il va les chercher lorsqu'il en a besoin... »

Suivaient les noms et les preuves à l'appui.

Enfin, dans le livre récemment publié par M. Lançon[1], on lit encore :

« Pour cette œuvre d'éducation politique, la presse

---

1. *Essai sur l'esprit politique et l'esprit de parti dans les assemblées.*

pourrait être un puissant auxiliaire; mais il faudrait savoir s'en servir et s'en occuper autrement qu'on ne le fait. Ce n'est pas assez pour le Gouvernement de ne surveiller les écrivains que pour les empêcher de l'attaquer, de n'avoir de relations avec eux que pour leur donner des instructions accidentelles sur tel événement, d'être ainsi avec eux sans communication suivie, sans lien, sans plan général de conduite arrêté en commun... Il y a un plus grand intérêt qu'on ne pense communément, à rechercher les écrivains de talent, à savoir se les attacher, à se les associer... C'est se tromper gravement de croire qu'on peut sans danger professer le dédain pour le journalisme et les journalistes, qu'on peut s'en passer et les négliger... »

Ces plaintes, ces récriminations ne trouvent aucun écho. Tous les jours le mal empire. Jamais les journaux du Gouvernement n'ont été plus faiblement rédigés, plus dépourvus d'autorité, moins lus. On ne s'occupe ici que des journaux de Paris. Que serait-ce si l'on s'occupait de la presse départementale! Nulle part elle n'est en état de lutter.

Et c'est ainsi désarmé qu'on marche au-devant de la liberté de la presse. — On est confondu d'un tel excès de confiance!

Il serait bien temps cependant de songer à s'armer. Ce devrait être aujourd'hui pour l'Empire le souci principal.

Bien du terrain a été perdu qu'on ne pourra regagner. Bien des forces ont été gaspillées qu'il sera difficile de reconstituer. L'œuvre sera infiniment plus difficile qu'elle ne l'eût été il y a quelques années. Tout n'est pas désespéré cependant, et l'on pourrait encore, dans bien des campagnes, lutter avec succès, mettre les rieurs du côté du pouvoir, et l'opposition en déroute.

Mais que faire?

1° D'abord, trouver, pour le mettre à la tête de la presse, un homme qui la connaisse et qui l'aime. Il serait à désirer qu'il eût traversé le journalisme, qu'il s'y fût fait un nom, mais qu'il l'eût quitté déjà depuis un temps assez long pour n'avoir plus les attaches de la camaraderie. Un pareil homme doit se trouver. Choix délicat, important. L'homme est tout en pareil cas : car on ne peut rien dans ces fonctions que par une attention, un dévouement de tous les instants, un zèle, une ardeur infatigables, une intégrité scrupuleuse, et avec cela une délicatesse extrême. C'est par nuances qu'il faut procéder : les mesures radicales échoueraient[1].

La loi en ce moment soumise au Corps législatif va, il est vrai, supprimer la juridiction administrative, et la Direction de la Presse n'aura plus de raison d'être, il faudra la supprimer. Si on ne le faisait spontanément, la Chambre, à l'occasion du budget, l'exigerait. Soit! Mais les brevets d'imprimeurs seront très-probablement conservés. On pourra donc avoir, comme autrefois, une Direction de l'Imprimerie et de la Librairie. Le changement de nom ne fera rien à l'affaire. Il fournira même une occasion de changer les traditions et la composition des bureaux de la Presse, où cinquante em-

---

1. Ce qui rend fort difficile cette rédaction d'un programme qu'on essaye ici, c'est qu'on ne peut indiquer que des idées générales, c'est-à-dire celles dont l'application serait le plus rare.

ployés, si ce n'est plus, se livrent à une besogne peu utile. Dix employés bien choisis, sachant écrire, largement rétribués, coûteraient moins cher et rendraient de bien plus utiles services.

2° Puis il faudrait augmenter considérablement budget de la Presse. Il est réduit à rien. Constamment on entend dire : « Ceci serait bon, mais l'argent manque. » Pour de pareils besoins l'argent ne doit pas manquer. Le budget de ce service, dans la situation où nous sommes, en face d'une opposition ardente et bien armée, à la veille de la proclamation de la liberté de la presse et des élections générales, devrait être au moins ce qu'il était de 1852 à 1860, alors qu'il n'existait pas d'opposition sérieuse : cela tombe sous le sens[1].

3° Il faudrait que les principaux membres du Gouvernement prissent la peine d'inspirer quotidiennement les journaux dévoués. Le Gouvernement à la tribune se défend lui-même. Il ne se fie pas à l'éloquence des députés. Pourquoi se fierait-il au savoir, à l'habileté, au dévouement des journalistes ? Il serait vivement à désirer que les membres du Conseil privé (ils semblent n'avoir rien de mieux à faire), que les ministres mêmes, fussent derrière eux pour les guider, les patronner, les diriger. Ces relations seront-elles connues ? Tant mieux ! La presse gouvernementale retrouvera ainsi le crédit qu'elle a perdu. Quoi de plus légitime d'ailleurs que de telles relations entre journaux et hommes d'État ! Il n'y a nulle raison de les cacher.

[1]. Les subventions toutefois ne devraient pas être distribuées par chiffres fixes, mais suivant les services rendus, d'après un système très-simple, assurant infailliblement le bon emploi des fonds, et qui sera l'objet d'une seconde note.

Il serait bon que, sous cette haute inspiration, l'on vît des membres des grands corps de l'État, des fonctionnaires d'un ordre élevé, donner aux feuilles gouvernementales le concours de leur plume. Si quelques-uns voulaient même entretenir avec certains journaux des relations régulières, permanentes, avouées, et y occuper la situation qu'occupe M. de Laguéronnière à la *France*, ce serait mieux encore. Il y a quelques années, un honorable député, le comte du Hamel, eut le courage de se faire ainsi journaliste. L'administration n'encouragea point sa tentative, et l'*Écho de la Presse*, fondé par lui, n'eut qu'une existence éphémère.

A côté de ces collaborateurs politiques, il faudrait attirer à tout prix des rédacteurs littéraires de premier ordre. C'est par sa rédaction littéraire que le *Journal des Débats* a conquis et conservé la situation exceptionnelle qu'il occupe dans la presse.

Les journaux officieux ainsi constitués, on devrait eur conseiller, leur imposer au besoin la fraternité. Ils devraient se prêter un mutuel appui, s'emprunter réciproquement leurs meilleurs articles, comme font les journaux opposants. Ils se jalousent, cherchent à se nuire, à se déprécier, et jamais ne se reproduisent. Ce dernier point est important. Le *Moniteur* lui-même devrait reproduire les articles bien faits. Qu'on ouvre la collection du journal officiel au hasard, à quelque période que ce soit des régimes antérieurs à l'Empire. Dans chaque numéro on trouvera, sinon un article original, au moins un, deux, quelquefois six ou huit extraits des journaux de Paris et de la province. Si en ce temps on eût possédé le *Moniteur du soir* et son immense publicité, quel usage n'en eût-on pas fait! Et quel usage en fait-on aujourd'hui, quel jour a-t-il servi?

Ne pourrait-on faciliter, provoquer la création de nouveaux journaux, mais de journaux spéciaux, où la politique serait (au moins pour commencer) reléguée au second rang, et qui attireraient par l'intérêt de leur spécialité les lecteurs de toutes nuances : journaux économiques, financiers, industriels, pédagogiques, etc. ?

Deux autres journaux paraissent également désirables. L'un représenterait cette importante fraction du pays et du monde politique qui suit à regret l'Empereur dans la voie libérale où il s'est engagé : journal de droite, d'extrême droite, si l'on veut. Le pouvoir y trouverait, ce me semble, en plus d'une occasion, un concours précieux; il y puiserait d'utiles arguments pour résister aux impatiences de la gauche, et, entre ces deux termes opposés, son caractère de Gouvernement modéré ressortirait plus nettement.

L'autre serait un journal voué aux intérêts religieux, mais gallican, du moins antiultramontain.

Un tel journal manque évidemment. Dès son apparition il enlèverait au *Monde*, à l'*Univers*, un grand nombre de lecteurs catholiques dont les sentiments modérés s'accommodent mal de ces doctrines extrêmes. Le *Gallicanisme* est moins éteint dans notre pays qu'on ne pense, et le catholicisme français, dont l'archevêque de Paris s'est avec tant de supériorité constitué le guide et l'interprète, compte en France un parti considérable et qui ne demande qu'à se concerter. Peut-être l'archevêque consentirait-il à inspirer indirectement un journal qui tenterait de servir de lien à ces aspirations éparses.

A son défaut, on trouverait sans peine dans le clergé un patronage qui, tout en offrant au Gouvernement une sécurité complète, serait pour les consciences catholiques un gage de parfaite orthodoxie.

La presse parisienne ainsi réorganisée, renforcée par de nouvelles recrues, il faudrait que le Ministère de l'Intérieur remontât son courage, la conduisît au combat, l'habituât à prendre résolûment l'offensive, au lieu de se laisser piteusement traîner sur la sellette des accusés. En France, on aime la hardiesse, le courage. Quiconque en fait preuve a presque toujours le public pour soi, et celui qui pose les questions, qui entame les polémiques, est presque toujours sûr de les conduire à son gré [1].

Ceci fait, ne pourrait-on s'occuper de la province? Tandis que les conseils des plus hauts personnages de l'État assureraient aux journaux de Paris une uniforme et intelligente direction, des instructions hebdomadaires, parties des bureaux de l'Intérieur, ne pourraient-elles mettre les Préfets en état d'exercer sur les feuilles de province une tutelle analogue?

1. Un journal, constatant l'insuffisance de ses confrères de la presse gouvernementale, disait récemment :

« Si l'attaque est vive et continue, la défense est molle... A cette opposition inquiète, active, remuante, et qui prend le haut du pavé parce qu'on la laisse faire, il ne faudrait ni paix ni trêve. Ses inconséquences, ses ruses, ses violences, ses hypocrisies de langage lorsqu'elle affecte le rôle de victime, il faudrait incessamment les signaler, les poursuivre, les flétrir....

« Mais ceux auxquels le rôle de défenseur est échu désespèrent es véritables amis du pays ; ils prennent la lenteur pour la gravité ; ils se regardent écrire ou ils s'écoutent parler ; ils manquent d'invention, de nerf, de vigueur, d'initiative, et, pourvus d'armes pesantes, ils ne frappent jamais au bon endroit (P. Chalais). »

La presse départementale a grand besoin qu'on vienne à son secours. Elle est livrée à elle-même, elle a déjà peine à se suffire. Que sera-ce quand le décret du 19 janvier sera devenu une réalité, et que de tous côtés surgira la concurrence! Mais ce n'est pas seulement pour la mettre en état de lutter contre les journaux hostiles qui de toutes parts s'apprêtent à paraître, qu'il serait urgent d'appuyer la presse départementale : Paris même en profiterait.

Si, en effet, parmi les plus importants, les mieux situés, les plus lus des journaux de province, on en choisissait cinq ou six, sans manifestation, sans tapage ; qu'on leur assurât le concours d'écrivains de talent; qu'en outre on leur expédiât du Ministère des articles et des correspondances; si, en un mot, on en faisait les succursales du *Constitutionnel* et du *Pays*, on pourrait en tirer des services que le *Constitutionnel* et le *Pays* eux-mêmes ne peuvent plus rendre. Il faut bien le dire, les journaux officieux de Paris sont des instruments émoussés. Ils n'ont plus nul crédit. En usant d'eux sans ménagement, sans délicatesse, on les a tués. Pas tués : on peut les ranimer. Mais il y faudra beaucoup de soins et beaucoup de temps. Des *Constitutionnel* de province seraient une nouveauté. Leurs articles, *reproduits par les journaux de Paris*, auraient toujours un caractère de spontanéité que rien ne pourrait donner à ces journaux eux-mêmes. En outre, dans les provinces où ils paraîtraient, ils offriraient à l'opinion conservatrice un centre de ralliement. Ils seraient enfin pour le Gouvernement ce que sont pour les légitimistes la *Gazette du Midi* ou l'*Union de l'Ouest ;*

pour les républicains, le *Phare de la Loire* ou la *Gironde*; pour les orléanistes, l'*Impartial Dauphinois* ou le *Sémaphore*.

Le Gouvernement aurait un autre moyen de défense, dont il use, — beaucoup même, — mais avec une opportunité douteuse, et qu'il aura promptement ruiné par cet abus: le Communiqué.

A quoi bon fatiguer le lecteur, irriter les journaux en imposant chaque jour l'insertion d'une ou deux colonnes destinées à établir l'honnêteté d'un sergent de ville ou l'exactitude d'un allumeur de réverbères[1] injustement soupçonnés ? Est-ce à des faits de cet ordre qu'il faut employer un instrument de cette puissance ? Ne devrait-on pas le réserver pour des questions plus graves, pour les questions politiques ? Là est son rôle, là est sa vraie et précieuse efficacité. Qu'on se rappelle M. Piétri, avec ce seul instrument (manié peut-être avec excès), ruinant, en 1863, la candidature de M. Lavertujon[2] dans son propre journal. Quant à la répression, quels principes y doivent présider ?

Il est essentiel que le service chargé de désigner les

---

1. Voir le *Figaro* du 5 septembre. — Mais en province le *communiqué* ne sert même pas à la défense de l'édilité. On ne s'en sert *jamais*.

2. Je ne me rappelle depuis plusieurs années qu'un seul *communiqué* politique. L'*Union* blâmait comme une énormité sans précédents l'interdiction de l'Encyclique. Un *communiqué* lui cita une lettre d'un évêque, Mgr Feutrier, ministre des cultes, interdisant une bulle de 1829. L'effet fut écrasant.

Mais cette institution du *communiqué* devrait recevoir une organisation *toute nouvelle*, dont les bases pourraient être indiquées dans une note spéciale. Mise sur un certain pied, elle pourrait suppléer *efficacement* toute répression correctionnelle.

journaux aux poursuites agisse avec beaucoup de suite, de méthode ; qu'il évite les tâtonnements, les inconséquences, les inégalités, les vétilles poursuivies après les énormités impunies; qu'il trace, en un mot (autant que faire se peut, car c'est chose assez difficile), l'*alignement* tant de fois réclamé.

Mais, on doit le dire d'avance, ce n'est pas par une répression sévère que le Gouvernement peut espérer triompher de la presse hostile. Une tolérance systématique, hautement annoncée, fréquemment constatée par ses organes[1] constituerait le meilleur des systèmes. Son intérêt évident le lui commande. Par des poursuites fréquentes, il aurait l'odieux de la rigueur sans en avoir les bénéfices. O'Connell disait : « Je ne connais personne qui, ayant intenté un procès de libelle, n'en soit sorti plus noir qu'il n'y était entré. »

On peut en dire autant des gouvernements. La plupart l'ont reconnu. Car l'étude des législations étrangères prouve que, partout où la presse est soumise aux tribunaux, le pouvoir a depuis longtemps renoncé à la renvoyer devant eux, ayant compris que les avantages de la poursuite étaient de beaucoup dépassés par ses inconvénients.

Il est toutefois une sorte de presse envers laquelle on pourrait se montrer beaucoup plus sévère : c'est la presse littéraire, cette presse qui vit de personnalités, d'indiscrétions, de scandales. Rappeler une telle littérature à la décence serait s'assurer les sympathies des honnêtes gens que ces débordements révoltent. Ce se-

---

[1]. Qui ne devraient pas même hésiter à reproduire les calomnies les plus grossières des journaux d'opposition.

rait servir doublement les intérêts du gouvernement : car cette presse, qui jusqu'ici vivait exclusivement de futilités malsaines, commence à y joindre des prétentions politiques. Elle parle hautement de son libéralisme et veut le prouver. Ne pouvant aborder ouvertement la politique, elle procède par allusions, par mots à double sens, par réticences, etc. Elle attaque tous les personnages politiques dévoués à l'Empereur, et commence même à ne plus respecter la personne souveraine. Dans un pays comme le nôtre, une pareille guerre est dangereuse. Les plaisanteries des petits journaux, on ne saurait l'oublier, ont plus contribué que les violences des grands à miner le trône de Louis-Philippe.

Tels sont les principaux points qui semblent mériter l'attention (sur chacun d'eux on pourrait s'arrêter longuement et indiquer bien des réformes de détail). L'approche des élections législatives donne à cette question une actualité pressante. 1869, c'est le *Grand Redan* : il faut l'enlever à tout prix. L'opposition dès aujourd'hui s'y prépare avec ardeur. La défense s'endort ; il est temps de la ranimer. Il suffit de le vouloir. Il y a encore bien des talents ignorés, bien des dévouements obscurs. Le jour où ils sentiront leurs services appréciés, ils accourront et se jetteront résolûment dans la mêlée [1].

---

[1]. Un des meilleurs moyens de recrutement consisterait à guetter à la sortie de l'École normale toutes les plumes d'avenir et à leur ouvrir aussitôt les journaux du Gouvernement, leur proposant d'y traiter pour commencer les questions littéraires si la collaboration politique les effraye. A cet âge nul ne refusera. Ils seront engagés. Combien d'écrivains dont la couleur (souvent à leur issu) a été dé-

terminée par la couleur du journal où ils ont pu placer leur premier article!

Pour faire place à ces nouvelles recrues, il faudrait mettre à la retraite la plupart des chefs d'emploi dont la verve et le nom sont usés, les pourvoir honorablement à leur entière convenance : pour eux d'abord, ensuite et surtout pour les autres.

Paris, 15 septembre 1867.

III

NOTE

SUR

LE SERVICE DE LA PRESSE

REMISE AU MINISTRE DE L'INTÉRIEUR

PAR LE DIRECTEUR DE LA PRESSE

NOTE

SUR

LE SERVICE DE LA PRESSE

1868

Contenir la presse sans l'opprimer, tel est le but que doit se proposer le législateur. Le décret de 1852 avait su l'atteindre. Il donna, dans la première période de l'Empire, d'excellents résultats; mais dans les sept ou huit dernières années son efficacité s'était singulièrement amoindrie. C'est que les hommes auxquels était échu le soin de l'appliquer ne savaient point s'en servir. Ils ne le comprenaient pas. C'était une arme essentiellement politique : l'esprit politique était nécessaire pour en bien user. Or, dans cette seconde période, quant à M. de La Guéronnière eurent succédé MM. Imhaus, Treilhard, Perret, Langlé, l'esprit politique abandonna les bureaux de la presse. Il fit place à l'esprit administratif ou à l'esprit judiciaire. On appliqua le décret comme on eût appliqué une loi ou un règlement quelconque.

De ce faux point de vue ont découlé toutes les fautes, toutes les erreurs. Il sera facile de l'établir en parcourant les divers chapitres entre lesquels se divise naturellement ce sujet : la Répression, — les Communiqués, — la Presse étrangère, — l'Autorisation, — les Rapports entre l'administration et les journaux.

LA RÉPRESSION.

Dans les premiers temps, on considérait avec raison l'esprit, la portée, l'influence d'un article, d'une polémique, d'un journal. On n'attendait pas pour frapper qu'un délit fût nettement caractérisé. On savait bien que pour les délits proprement dits les tribunaux suffisaient, et que le décret de 1852 avait été précisément créé pour frapper les attaques dissimulées, les allusions, tous ces faits que, malgré leur gravité, la loi commune ne saurait atteindre. Aussi le plus souvent ne cherchait-on pas à motiver les avertissements. On avertissait tel article, parce qu'il méritait d'être averti, sans se croire obligé de produire le corps du délit.

Suit la citation des avertissements donnés au *Correspondant* pour un article de M. Albert de Broglie, à l'*Univers* pour un article de M. Dulac, et la suspension de la *Revue de Paris* pour un article intitulé : *Le roi Frédéric-Guillaume IV*, de M. Oppenheim, tous trois se bornant à viser l'article averti et le décret sur la presse du 17 février 1852.

Ou bien encore on arguait, sans rien préciser, du ton général de la polémique.

Suit la citation d'avertissements donnés à l'*Écho de la Frontière* et à l'*Écho de l'Aveyron*, avec ce considérant que cet article est d'une violence qui dépasse les bornes d'une discussion loyale, et que son but évident est d'exciter l'agitation dans les esprits ; et la citation d'un autre avertissement donné à l'*Écho de l'Aveyron*, avec ce considérant : « que le journal *l'Écho de l'Aveyron* est constamment rédigé dans un esprit hostile au gouvernement de l'Empereur, et qu'il sympathise avec ses ennemis en approuvant la conduite et la politique de l'Autriche ».

Ou simplement la tendance hostile du journal.

<small>Suit la citation de l'avertissement donné à la *Revue de Paris* le 14 avril 1856, sur cette considération : « attendu que ce journal, malgré les avis officieux qui lui ont été donnés, persiste dans un système d'allusions perfides et d'intentions malveillantes » ; et le décret prononçant la suppression de la même revue, visant les avertissements déjà donnés et les articles publiés qui servent de motifs à cette mesure.</small>

Enfin, comme sanction de l'avertissement, on suspendait, on supprimait. La *Revue de Paris*, le *Spectateur*, l'*Univers,* organes importants des partis républicain, orléaniste, ultramontain, disparaissaient successivement.

Mais à partir de 1860 on ne procéda plus ainsi. Effrayés sans doute par la publicité des débats parlementaires, les ministres et les hommes chargés, sous leur autorité, d'administrer la presse parurent embarrassés de leur pouvoir discrétionnaire : ils s'excusaient de l'exercer. Selon le mot récent de l'archevêque de Paris, « l'autorité tremblait dans les mains de ceux qui la portaient. »

Alors on commença à perdre de vue le caractère politique du décret de 1852 : on ne l'appliqua plus qu'à des délits pour lesquels la répression judiciaire aurait suffi, conservant ainsi l'odieux sans recueillir le bénéfice de l'arbitraire. On se préoccupait de la forme, des mots. On laissait passer des énormités présentées avec art ;

on frappait des articles insignifiants, comme la note de M. Adrien Marx sur les sergents de ville publiée dans le journal *la Nation* (qui comptait alors deux cents abonnés).

<small>Suit le texte de l'avertissement donné à la *Nation* par M. Boudet, le 2 octobre 1864, motivé par cette considération que, « par les allégations les plus injustes et les plus inexactes, l'auteur cherche à égarer l'opinion publique et à exciter la haine des citoyens contre les agents chargés de l'exécution des lois ».</small>

En général, la tendance de l'administration à se défendre elle-même, à juger que les attaques les plus funestes à l'ordre social étaient celles qu'on osait diriger contre sa propre infaillibilité, commencent à s'accuser.

<small>Suivent comme exemples les avertissements donnés l'un par le préfet de la Gironde, le 3 juillet 1865, au journal *la Gironde*, motivé sur ce que « l'auteur dénature la portée de la circulaire du ministre et les intentions libérales du Gouvernement »; l'autre par le préfet d'Ille-et-Vilaine au *Journal de Rennes*, le 10 octobre 1865, motivé sur ce que « l'auteur persiste à diriger des accusations injustes contre l'administration, et blâme en termes inconvenants l'exercice d'un droit qu'elle tient de la Constitution ».</small>

Ou bien on allait maladroitement chercher dans le coin de quelque correspondance obscure un misérable cancan de deux lignes pour lui donner l'importance d'un événement politique, et redoubler ainsi les inquiétudes qu'on désirait calmer.

<small>Suit le texte de deux avertissements donnés l'un à la *France centrale*, le 28 octobre 1866, l'autre au *Courrier de la Vienne et des Deux-Sèvres*, le 30 octobre 1866, pour la publication de nouvelles de nature à répandre des alarmes sur la santé de l'Empereur.</small>

Mais, encore une fois, la forme était tout. Les maladroits payaient pour les autres; les habiles pouvaient tout dire. On osait bien avertir les journaux sans abonnés, sans lecteurs; on n'osait frapper ni le *Siècle,* ni le *Journal des Débats*, ni l'*Avenir national*, ni le *Phare de la Loire*, ni la *Gironde*, ni même la *Gazette du Midi* (le plus habile, le plus perfide et, dans sa sphère, le plus influent de tous les journaux hostiles de France), dont la suppression fut dix fois demandée par M. de Maupas, dix fois refusée par le ministre de l'intérieur; en un mot, aucune des feuilles réellement redoutables. On allait bien jusqu'à l'avertissement, on en donnait un, deux, même trois. On n'osait aller plus loin. Entre la suppression de l'*Univers* (29 janvier 1860) et celle du *Courrier du Dimanche* (2 août 1866) on n'en compte pas d'autres. Encore ce dernier était-il sans racines, sans capital, sans clientèle solide. Les grands journaux avaient la conscience de leur impunité. Ils portaient légèrement leurs deux avertissements, et quand une amnistie venait les en relever, la direction de la presse semblait, en vérité, plus soulagée qu'eux-mêmes!

Qu'était-ce pour eux, en effet, que ces avertissements auxquels devait toujours manquer la sanction pénale? C'était simplement l'apparence, le prestige, le bénéfice de la persécution. C'était le plus confortable et le plus lucratif des martyres. Aussi, convaincus qu'après un exercice aussi débonnaire d'un droit théoriquement rigoureux on n'oserait revenir à de plus sévères pratiques, les journaux se trouvèrent-ils fort bien, pour leur part, du décret de 1852. Pour qui savait lire, il était facile de voir qu'ils n'en demandaient l'abrogation que du bout des lèvres et pour n'avoir point l'air de trahir complétement les principes, qu'au fond ils tenaient à sa conservation plus que le Gouvernement lui-même.

LES COMMUNIQUÉS.

On ne faisait pas du *communiqué* un meilleur usage. On ne sut point user de cet instrument précieux, qui plaît à tous, dont les ennemis du Gouvernement eux-mêmes trouvent l'usage légitime. Il fallait qu'il fût bien fort pour résister au ridicule emploi qu'on en fit parfois. Mais, il faut le dire, cette erreur fut commune à tous les directeurs de la presse. Les premiers ne la maniaient pas mieux que les derniers. Un seul homme en comprit et en révéla la valeur : M. Piétri, à Bordeaux.

Lui seul sut consacrer le *communiqué* aux besoins politiques. Le Ministre de l'Intérieur, sans en user lui-même, se borna à le laisser à la discrétion du préfet de la Seine. Celui-ci envoya, chaque jour, à plusieurs journaux, deux, trois colonnes, qui irritaient le rédacteur et fatiguaient le lecteur pour des faits de ce genre :

Suit le texte d'un *communiqué* adressé au *Figaro* du 5 septembre 1867, au sujet de becs de gaz « placés à l'entrée du boulevard du Prince-Eugène, au devant du café qui se trouve sur ce point », alléguant qu'on ne peut s'expliquer l'erreur dans laquelle est tombé l'auteur de l'article qu'en supposant qu'il a passé avant l'heure réglementaire sur le boulevard du Prince-Eugène; mais que, de ce que les becs dont il s'agit n'étaient point encore allumés, il ne fallait pas conclure qu'ils ne le seraient pas le moment venu ».

A part le grave inconvénient de compromettre le

communiqué par cet usage puéril, comment le Ministre de l'Intérieur pensait-il échapper au ridicule en prenant la responsabilité de pareilles rectifications ? On rit beaucoup de ce *communiqué*.

Suit une citation d'un article de M. Villemot, publié dans le *Temps*, qui admet en principe le *communiqué*, mais se « demande, dans l'intérêt du Gouvernement, si le « système » ne devient pas parfois un peu puéril », concluant ainsi : « Quant au *communiqué* en lui-même, je l'estime à ce point que, loyalement pratiqué d'une part et sincèrement accepté de l'autre, il pourrait tenir lieu de toute une législation sur la presse.

L'auteur de la note déclare qu'*il y a une réforme à faire*, mais il en remet l'explication à « un travail complémentaire ».

LA PRESSE ÉTRANGÈRE.

Le droit d'arrêter à la frontière les feuilles étrangères ne repose sur aucun droit : c'est l'arbitraire pur. Il fallait en user avec ménagement. Cinq ou six feuilles étrangères seulement peuvent exercer en France une influence sérieuse. Celles-là, on pouvait les surveiller de près, leur interdire l'entrée, non pas une fois par hasard (ce qui irritait les abonnés, les lecteurs des cafés, des cabinets de lecture, des cercles, de tous les lieux où se fait l'opinion, sans causer au journal lui-même le plus léger dommage), mais pour huit jours, quinze jours consécutifs ; mieux encore, il fallait (ce qui était fort simple) s'assurer, comme au début, le bon vouloir de leurs correspondants. Quelques complaisances peu onéreuses y suffisaient. Pour tous les autres, on devait se montrer tolérant ; il ne fallait même pas s'en occuper. Qu'importe que tel ou tel journal qui entre en France à vingt, dix, quelquefois à *deux exemplaires,* soit arrêté à la frontière ? Devait-on se donner la peine de les lire ? Or au ministère de l'intérieur on lisait tout. La feuille la plus insignifiante de Lausanne, de Bruges, de Barcelone ou de Vérone, était épluchée avec le même soin que l'*Indépendance.* Quarante employés étaient occupés à ce soin. Pour le plus petit mot sur le Gouvernement, sur un fonctionnaire, perdu dans le coin d'une correspondance, pour un de ces mots qui ne vont à l'étranger qu'après avoir circulé dans tout Paris, le journal était solennellement arrêté. Il faut avoir vu la série des journaux ainsi prohibés pour comprendre quel mesquin esprit présidait à ce travail. En ceci encore la routine administrative tenait lieu de tact politique.

L'AUTORISATION.

Cette question était la plus délicate.

Il y avait deux manières de la comprendre :

Il fallait ou ne pas autoriser du tout, ou autoriser très-largement à Paris, afin de sauver la province. Pour la province, il importait au plus haut point de conserver l'autorisation. Là, en effet, sur un théâtre restreint, il sera facile et peu coûteux de fonder un journal pour trois mois, pour un mois, pour un intérêt temporaire, pour une campagne électorale. Or, l'exemple de 1863 l'a mathématiquement prouvé, là où la presse hostile n'existe pas, le Gouvernement est assuré du succès. Là où l'opposition a pu fonder un organe, elle est maîtresse du terrain. On pourrait être tenté de penser que le journal n'a fait que consacrer une œuvre préparée; que s'il se fonde sur tel point, c'est qu'il y devine un foyer d'opposition prêt à s'allumer, qu'il y voit une clientèle déjà formée : on se tromperait. Il a formé peu à peu cette clientèle : il a produit l'opposition, il n'a pas été produit par elle. Les villes, les départements les plus dévoués à l'Empereur, comme Bordeaux, comme l'Isère, ont été, pour ainsi dire, arrachés à leurs convictions par des feuilles comme la *Gironde* ou l'*Impartial dauphinois*.

A Paris, au contraire, la multiplication des journaux d'opposition ne devait nuire qu'à l'opposition elle-même. Toutes les nuances étaient représentées : dix feuilles nouvelles n'eussent pas créé dix nouveaux lecteurs. Elles ne pouvaient que les enlever aux feuilles anciennes, créer entre celles-ci de nouveaux éléments de division, et, pierre par pierre, démolir ces puissantes forteresses.

Le service de la Presse eût dû les aider dans cette œuvre et provoquer les occasions d'antagonisme, chose fort aisée. En même temps il aurait pu faire appel aux capitalistes qui servent ou qui entourent le Gouvernement de l'Empereur. Avec leur aide, il eût créé des journaux spéciaux, s'imposant aux lecteurs de toutes nuances par la supériorité de leurs informations. Il eût renforcé les anciennes feuilles gouvernementales, il leur eût assuré *à tout prix* une rédaction politique, littéraire, économique, de premier ordre; et l'on eût ainsi rétabli les choses sur le pied où elles étaient avant 1848 : une presse gouvernementale compacte, riche, influente ; une presse hostile divisée, morcelée, sans ressources : d'un côté, le *Journal des Débats*, le *Siècle*, la *Presse*, le *Constitutionnel* ; de l'autre, le seul *National* et dix feuilles sans importance dont le nom même est oublié.

Au lieu de cela, on a eu les embarras sans avoir les profits du monopole. On a laissé les journaux du Gouvernement dépérir, on a forcé la grande masse des lecteurs flottants, des indifférents qui lisent le premier journal venu pourvu qu'il les amuse, qu'il les intéresse, à les fuir pour jamais. On tuait leur autorité en leur imposant sur les questions les plus insignifiantes une dépendance absolue. On traitait leurs rédacteurs comme des fonctionnaires[1]. On a autorisé de nouveaux journaux d'opposition, assez pour représenter des nuances qui ne l'étaient pas encore : le *Temps* pour les protestants et les parlementaires, l'*Opinion* pour les solidaires, l'*Avenir* pour les radicaux. Cette lacune étant comblée, on s'est arrêté. Et ce qu'on avait accordé à M. Nefftzer, à M. Peyrat, on le refusa à M. Émile Ollivier, même à M. Félix Belly.

Suit la citation d'un extrait d'une pétition adressée au Sénat, le 8 février 1865, par M. Félix Belly, ancien rédacteur du *Pays*, demandant à fonder un journal ayant pour titre: *La Civilisation*. Dans cette pétition, l'auteur déclare être ancien rédacteur du *Constitutionnel*, du *Pays* et de la *Revue contemporaine*, et n'avoir jamais appartenu qu'au journalisme napoléonien. Il raconte que, s'étant présenté chez M. de Lavalette, le premier mot de celui-ci

1. Même en les décorant, on trouva moyen de les amoindrir : ainsi les journalistes décorés au 15 août l'étaient pour « *services distingués* dans la presse ».

fut de lui demander quelles garanties morales et matérielles il avait à offrir; qu'il répondit que son passé témoignait de ses sentiments à l'égard de l'Empire. « Sans votre passé vous ne seriez pas là, répliqua froidement le ministre en lui montrant le fauteuil sur lequel il était assis; mais cela ne me suffit pas pour l'avenir. » M. Félix Belly ajoute que ses garanties ne furent pas acceptées et se demande ce qu'on voulait de lui: une démission en blanc? quelque chose comme une affiliation à la police secrète? « Son Excellence ne jugea pas à propos de s'expliquer, ajoute-t-il, et elle fit bien. Il y a des ouvertures difficiles à entendre quand on s'honore de n'appartenir ni à la catégorie des apostats, ni à celle des courtisans et des proxénètes.... »

On refusait même pendant cinq ans au modeste *Journal des Villes et des Campagnes* la faculté de paraître six fois au lieu de trois fois par semaine, d'acquérir par cette faveur une extension qui n'eût nui à coup sûr qu'au *Monde* et à l'*Union*. Le Gouvernement semblait résolu à consolider ces huit ou dix bastions élevés de ses mains. Les avertissements ne lui manquaient pas.

Suit un extrait d'un article de M. Édouard Hervé, publié dans le *Courrier français*, dans lequel il prétend que « le Gouvernement lui-même a créé l'influence des deux ou trois organes importants de la presse démocratique sur les dernières élections : en réservant en privilège à quelques journaux l'honneur de représenter tous les jours l'opinion indépendante, il en a fait les grands électeurs de l'opposition. »

L'auteur de la note ajoute la citation d'une correspondance du *Nord*, « rédigée, dit-il, avec un remarquable talent et animée d'un esprit très-sympathique à l'Empire », dans laquelle le correspondant prétend qu'il est évident que le monopole a avant tout profité à l'opposition; que « si l'opposition avait pu fonder tous les journaux dont elle aurait eu la fantaisie, cette diffusion eût singulièrement développé les ferments de discorde qui existent au milieu d'elle »; et que, « enfin, considération qui devait sourire au pouvoir, il est infiniment plus facile d'avoir raison d'un journal qui s'émancipe, quand les journaux pullulent, que de frapper une grosse feuille édifiée sur les assises d'un capital énorme, et qui est défendue par les hommes les plus importants d'un parti.

M. de Girardin énumérait chaque jour la série des publicistes, des orateurs qui avaient successivement soutenu cette thèse.

Enfin (s'il lui est permis de se citer), dans un ouvrage sur la presse, où les droits du pouvoir étaient nettement revendiqués, celui qui écrit ces lignes donnait cependant sur ce point pleine raison aux plaintes de l'opposition. Il ne demandait pas qu'on abrogeât le droit d'autoriser, mais qu'on multipliât les autorisations, vœu qu'il avait (dans plus d'une note confidentielle remise aux administrateurs de la presse) exprimé sans succès.

Si l'on eût suivi cette voie, on eût désintéressé Paris; et, Paris étant désintéressé, les réclamations de la province n'auraient eu qu'un bien faible écho.

RAPPORTS ENTRE LES JOURNAUX ET L'ADMINISTRATION.

C'est dans ce chapitre important qu'il serait surtout facile de constater la disparition de l'esprit politique et le règne de l'esprit administratif ou judiciaire.

L'esprit politique entretenait avec les journalistes des relations amiables, gracieuses. Tout se faisait alors en causant. On ne donnait pas un ordre, on demandait un service. Si l'on interdisait un sujet, c'était à titre de conseil et dans l'intérêt même des journaux. Les journalistes de l'opposition étaient des confrères égarés dans un autre camp, mais qui pouvaient reconnaître leur erreur et avec qui il était permis d'entretenir des relations courtoises. L'esprit administratif et l'esprit judiciaire ne l'entendirent pas ainsi : le premier les traita comme des commis, le second comme des prévenus.

On prit l'habitude de donner des ordres aux journalistes, de leur signifier des défenses, brutalement, sans commentaire, comme à des gens qui n'ont rien à répliquer. S'adressaient-ils aux bureaux, ils y étaient mal reçus. Un jour (c'était en 1864), un nouvel employé, encore inconnu de ses chefs, accompagne près de l'un d'eux un journaliste de l'opposition venu pour chercher un renseignement. On croit qu'il parle pour lui-même, on lui répond fort séchement. Il fait remarquer qu'on commet une erreur, qu'il est employé du ministère. « Ah! pardon, Monsieur, lui répond-on : je vous prenais pour un journaliste... » Ce mince détail fera comprendre l'allure du service à certaine époque.

Un autre la fera mieux sentir encore : au début, on envoyait auprès des journalistes un homme connu d'eux, qui leur conseillait, tout en causant, de ne point aborder tel ou tel sujet. Les rédacteurs pouvaient y voir un avis amical. Personne au dehors ne s'en doutait, et l'écueil était évité sans scandale.

Par la suite, les journaux étant devenus plus hardis et ne craignant pas d'annoncer au public que telle défense leur avait été faite, ce mode de communications ne présentait plus guère d'avantages. Pourtant la tradition s'en était maintenue. Mais là, comme partout, l'*officiel* avait remplacé l'*officieux*, et l'ordre brutal le conseil doucement insinué. Encore si l'on eût réservé cette arme dangereuse pour les circonstances graves, on eût pu le comprendre. L'anecdote suivante montrera à quelles niaiseries elle était employée.

Le maréchal Randon donne un bal. Un cotillon le termine, conduit par un officier d'état-major qui y introduit des engins militaires, casques, gibernes, fusils, etc... Le *Moniteur de l'Armée*, croyant bien faire, publie du bal et du cotillon un compte rendu humoristique que le Maréchal trouve d'un goût douteux. Il prie le Ministre de l'Intérieur d'en interdire la reproduction. « Rien de plus simple! » répond M. Boudet (car ceci se passait en 1864), et un employé du ministère de l'Intérieur est envoyé à tous les journaux pour leur signifier solennellement la défense ministérielle. Inutile de peindre la stupéfaction des journalistes, dont pas un n'avait lu et surtout ne se proposait de reproduire une note de cette importance. Inutile surtout d'ajouter que le lendemain tout Paris la connaissait.

Ainsi à tout propos on blessait ou humiliait les journalistes. Or on peut considérer comme un axiome qu'on mène les gens de la presse par l'amour-propre. Leur témoigner des égards, leur prouver qu'on les lit, paraître attacher quelque importance à leur avis, c'est exercer à leur égard le mode de séduction le plus facile, le moins coûteux, le plus sûr.

On demandait un jour à M. Molé, Président du Conseil, comment il s'y était pris pour obtenir l'adhésion d'un farouche député de la gauche : « C'est bien simple, répondit-il : je me suis fait expliquer par lui les affaires d'Espagne. » Voilà en deux mots toute la théorie.

Voir le ministre, même pour en être réprimandé,

flattera toujours les journalistes. — En être bien accueilli pourra les désarmer.... Que serait-ce si dans de grandes occasions, dans des circonstances décisives, l'Empereur daignait accorder une audience aux plus notables d'entre eux ! L'auteur de cette note a constaté récemment l'influence de cette auguste intervention. Il connaissait personnellement les délégués de la presse de province admis à l'audience impériale. Il les avait vus la veille. La nouvelle loi ajoutait à leurs dégoûts déjà grands. Ils étaient abattus, découragés; leur parti était pris : ils allaient abandonner une profession où ils avaient rencontré, en ces derniers temps surtout, de nombreux déboires et de rares encouragements... Il les revit quelques jours après; l'accueil de l'Empereur les avait transfigurés. Il leur avait rendu la force, le courage, la vie pour le reste de leur carrière. Ce ne fut pas seulement l'impression du premier jour : elle est aujourd'hui aussi vivace; elle est ineffaçable.

Quand M. Boudet, reconnaissant que M. de La Guéronnière n'avait point été remplacé, supprima la direction de la presse et rattacha ce service à son cabinet, on put croire qu'il avait compris la nécessité d'entrer en contact avec les journalistes. Il n'en fut rien. Son chef de cabinet, membre distingué du Conseil d'État, étranger aux choses et aux hommes de la presse, convaincu qu'on ne pouvait exercer sur les journaux aucune influence, d'un abord peu encourageant, s'élevait d'ailleurs comme un obstacle infranchissable entre les écrivains et le ministre.

M. de Lavalette conserva cette organisation. M. de Saint-Paul avait presque toutes les qualités qui convenaient à cette tâche délicate. Mais, absorbé par d'autres soins, le temps lui fit matériellement défaut; il dut se faire seconder, et pour une pareille œuvre on ne l'est jamais bien.

Cette combinaison était pourtant la meilleure, car le directeur du cabinet conduit naturellement au ministre : il n'y a entre eux qu'une porte à ouvrir; et quand il parle, c'est encore le ministre qui semble parler. Le décret du 19 janvier empêche de rétablir une direction spéciale[1], car il ne permet plus d'exercer sur la presse qu'une influence *secrète*. Cette combinaison est donc plus que jamais indiquée; mais il faudrait, pour qu'elle réussît :

Que ce chef du cabinet connût la presse;

Que, secondé par un sous-chef du cabinet ou par le secrétaire particulier, il pût se consacrer presque exclusivement à ce service;

Que, sincèrement dévoué à sa tâche et à l'Empereur, il ne songeât point à se grandir; qu'il s'effaçât, au contraire, pour laisser, pour ménager la place à l'intervention du ministre.

Ainsi dirigé, le service de la presse pourra lutter, même dans les conditions d'infériorité que va lui constituer l'abrogation du décret de 1852.

Revenons à ce décret, et concluons.

Pour conserver son autorité, il fallait qu'il fût con-

---

1. A moins de restaurer, comme on l'a dit dans la précédente note, la direction de la Librairie.

stamment manié avec méthode, avec délicatesse, avec courage.

Mais les hommes chargés de défendre la citadelle l'avaient laissé peu à peu démanteler. Peut-être eût-il été difficile de la réédifier tout d'un coup.

IV

PRESSE DÉPARTEMENTALE

EXTRAITS DES RAPPORTS DES INSPECTEURS
GÉNÉRAUX

1860 — 1862 — 1866

PRESSE DÉPARTEMENTALE

DÉPARTEMENT DU NORD.

Mémorial de Lille. Dévoué au Gouvernement. En voie de prospérité.

L'Écho du Nord. Libéral. Se rapproche du Gouvernement.

L'Indicateur d'Hazebrouck. Gouvernemental.

L'Autorité de Dunkerque. Dévoué au Gouvernement. Marche bien.

L'Indépendant de Douai. Gouvernemental. Peu d'influence.

Le Courrier douaisien. Ancien journal légitimiste. Se rapproche du Gouvernement.

La Gazette de Cambrai. Gouvernemental. S'améliore de jour en jour.

L'Émancipateur de Cambrai. Hostile. Nuance *Univers* et *Gazette de France*. Deux avertissements.

Le Courrier du Nord (Valenciennes). Ultradémocrate avant le 2 décembre. Revenu à de saines idées.

L'Impartial de Valenciennes. Favorable au Gouvernement. Libéral. Inférieur au *Courrier* comme rédaction.

L'Écho de la frontière (Valenciennes). Défenseur exalté de l'ultramontanisme sous son ancien rédacteur (G....) ; sous le rédacteur actuel (H. L......), se rattache au Gouvernement.

L'Observateur d'Avesnes. Bon journal. Bien posé.

AISNE.

Journal de l'Aisne (Laon). Bien dirigé par un homme énergique (M. F.....).

L'Observateur de l'Aisne (Laon). Ancien organe du parti démocratique. Peu d'influence.

Le Journal de Saint-Quentin. Trois mille sept cent quinze abonnés. Rédaction fort intelligente. M. Jules M......, son propriétaire-gérant, n'inspire pas toute confiance. M. le Sous-Préfet regrette de ne pas recevoir une correspondance particulière, dont il se ferait un moyen d'administration.

Le Courrier de Saint-Quentin. Suit les inspirations de l'administration. Rédaction pâle.

Le Glaneur (Saint-Quentin) a succédé au *Guetteur*, journal démocratique. Il tient une position réservée, mais convenable vis-à-vis du Gouvernement.

L'Argus soissonnais. Gouvernemental. Peu d'influence.

Le Journal de Soissons. Peu ou point d'influence.

L'Écho de l'Aisne (Château-Thierry). Gouvernemental, mais peu répandu.

ARDENNES.

Le Courrier des Ardennes. Fondé par le Préfet, M. Foy. Entièrement dans les mains de ce fonctionnaire; possède les meilleures conditions de succès, très-habilement rédigé par M. P........; a deux mille huit cents abonnés et espère augmenter ce nombre.

L'Espoir (Rethel). Fondé en 1848, sous l'influence d'idées républicaines. Inoffensif quant à présent.

MOSELLE.

Le Courrier de la Moselle. Opinions démocratiques. Donne cependant la préférence au régime actuel sur les autres gouvernements monarchiques.

Le Moniteur de la Moselle. Fondé par l'ancien préfet, M. le comte Malher. Rédaction terne. Il est regrettable qu'on ne puisse envoyer une correspondance parisienne aux journaux gouvernementaux qui n'osent précéder les journaux de Paris sur le champ de la discussion.

Le Vœu national (Metz). Feuille clérico-légitimiste. Sans aucune influence.

L'Indépendant de la Moselle. Très-peu accrédité. Ancien conservateur.

MEUSE.

Quatre journaux dévoués au Gouvernement. L'*Écho de l'Est,* à Bar-le-Duc, avait été amené, par ses rivalités avec le *Courrier de Verdun,* à soutenir un candidat opposé à celui de l'administration. Il s'est heureusement rétracté.

MEURTHE.

Le Moniteur de la Meurthe (Nancy). Bien dirigé par M. P..... dans les vues du Gouvernement.

L'Impartial (Nancy). Couleur *Siècle.* Entre les mains de M. H......., déjà mentionné, sur lequel le Préfet compte peut-être un peu trop.

Journal de la Meurthe et des Vosges. Défenseur de la monarchie constitutionnelle.

L'Espérance. Univers en miniature, de même que M. K......, son rédacteur, est un Veuillot au petit pied. Ces deux journaux ont refusé d'envoyer un numéro supplémentaire au Ministère.

BAS-RHIN.

L'Alsacien. A défendu d'abord la cause de l'Empire; s'est séparé dans la question romaine et a pris depuis une position hostile et des tendances royalistes et ultramontaines.

Le Courrier du Bas-Rhin. Rédigé dans le sens d'une politique protestante et parlementaire. Attitude réservée et indépendante; deviendrait facilement dangereux.

Le Correspondant de Strasbourg. Journal gouvernemental qui n'a pas réussi.

On propose comme une bonne affaire l'acquisition de l'*Alsacien,* ce journal ne pouvant plus rester l'organe du Gouvernement dans les conditions actuelles.

HAUT-RHIN.

Le Journal du Haut-Rhin. Journal patronné par l'administration, mais dont le gérant et les collaborateurs, cléricaux ou légitimistes, inspirent quelque défiance. Il ne se publie que tous les huit jours, ce qui est un embarras pour M. le Préfet en cas d'insertions pressantes.

Le Publicateur d'Alsace. Insignifiant. Peu d'abonnés.

L'Industriel alsacien. Journal d'annonces, en instances pour s'ériger en journal politique. Son propriétaire, M. B...., mérite la confiance du Gouvernement.

Le Journal de Belfort. Est celui du département qui serait le plus apprécié pour le mérite de sa rédaction.

HAUTE-SAÔNE.

Deux journaux : le *Journal de la Haute-Saône*, patronné par l'administration, et le *Journal de Gray*, qui a une importance locale.

HAUTE-MARNE.

L'Écho de la Haute-Marne. Journal d'ordre, dont le dévouement à la cause impériale exigerait des garanties.

L'Union de la Haute-Marne. Convenable vis-à-vis du Gouvernement. Au fond, clérico-légitimiste. Demande une surveillance très-étroite.

Le Messager de la Haute-Marne (Langres). Feuille à la disposition de tous les partis, quand elle trouve son intérêt. Elle ne mérite pas de confiance.

Le Progrès de la Haute-Marne. Dévoué au Gouvernement impérial. Rédaction un peu faible.

MARNE.

Journal de la Marne. Organe de l'administration; laisse quelque chose à désirer sous le rapport de la direction.

L'Écho sparnacien (Épernay). Journal le plus répandu dans le département. Bons sentiments.

Le Courrier de la Champagne. Bonne direction, quoiqu'il soit à souhaiter que le rédacteur ait plus d'indépendance.

Le Messager de la Champagne (Reims). Mêmes rédacteurs et mêmes tendances que le *Courrier,* dont il est une deuxième édition.

L'Écho de la Marne (Vitry). Acquis au Gouvernement, avec quelques velléités d'ultramontanisme.

La Revue de la Marne (Sainte-Menehould). Gouvernemental. Peu important.

Des recommandations instantes ont été faites aux Préfets de chaque département, relativement au dépôt légal, à l'envoi, au contrôle des journaux et à la sage répartition des annonces judiciaires. M. l'Inspecteur général croit utile qu'une Circulaire ministérielle fasse connaître aux Préfets le sens que le Conseil d'État a fixé pour l'application de l'article 23 du décret du 17 février 1852.

HÉRAULT.

Le Messager du Midi compte cinq mille cent abonnés. Peu de journaux occupent, dans la presse départementale, une place aussi importante. Si quelque chose constate la salutaire influence que le *Messager du Midi* exerce dans la presse départementale, c'est qu'il n'existe à Montpellier aucun journal hostile au Gouvernement. La position prépondérante prise par le *Messager du Midi* ne lui laisserait point de place.

GARD.

Cinq cents numéros du *Petit Journal* se distribuent chaque jour dans la ville de Nîmes. A Alais, la vente quotidienne de cette feuille est de deux cents. A Beaucaire, du même nombre. Cent cinquante à Bagnols. A ces chiffres, il faut ajouter douze cents exemplaires du *Petit Journal illustré,* vendus chaque matin à Nîmes. Le journal du pays le plus répandu, le *Courrier du Gard*, n'est tiré qu'à sept cents exemplaires. Cependant le format de ce journal est grand, et son rédacteur, M. Ernest R......, écrit avec talent. Le *Courrier du Gard* est l'organe de la Préfecture. L'*Opinion du Midi* est le journal du clergé.

ISÈRE.

L'Impartial dauphinois est le principal organe du

pays. C'est surtout au moment des dernières élections que ce journal a joué un rôle important. Il a tiré jusqu'à vingt mille numéros. On s'est demandé quelle était la source de l'argent dont ce journal disposait pour sa publication. Le choix qu'il proposait aux électeurs ne pouvait laisser aucun doute, et si M. Casimir Périer n'a point été nommé, on ne peut en accuser l'*Impartial dauphinois*.

Le Courrier de l'Isère suit les inspirations de la Préfecture ; on attend beaucoup du talent de son nouveau rédacteur, M. H...., mais on ne peut se dissimuler les difficultés de sa tâche.

A Vienne, deux journaux : le *Journal de Vienne* et le *Moniteur viennois*, feuilles qui suffisent aux besoins du pays.

SAVOIE.

Le Journal de la Savoie, dont M. B.... est le propriétaire-gérant, est tiré à environ deux cents exemplaires. Ce journal a exclusivement les annonces judiciaires du département. M. B...., son rédacteur, tout en recevant les inspirations de la Préfecture, a su éviter de donner à sa feuille l'attache officielle et conserver une certaine indépendance.

Courrier des Alpes. Organe clérical. M. P...... est son rédacteur. Le *Courrier des Alpes* tire à quatre cents exemplaires.

HAUTE-SAVOIE.

Le journal *le Mont-Blanc* représente l'esprit de l'administration. La Préfecture de la Haute-Savoie arrête l'introduction du *Journal de Genève* en France toutes les fois qu'elle le croit nécessaire.

L'Industriel. Feuille d'annonces.

DRÔME.

Le journal *le Courrier de la Drôme* a M. C... pour rédacteur et imprimeur. Un des chefs de division de la Préfecture, M. D......., y fait insérer quelques articles rédigés avec talent. Ce journal a quinze cents abonnés et jouit des annonces judiciaires.

La Semaine du Dauphiné et du Vivarais. Petit nombre d'abonnés.

Le Journal de Montélimart. Sans importance.

VAR.

Le Toulonnais. Organe des intérêts maritimes, rédigé par M. A.....

La Sentinelle toulonnaise. Rédigé par M. A..... Sans importance.

HAUTE-GARONNE.

Pas de journaux hostiles au Gouvernement. L'*Aigle* est l'organe de la Préfecture. Le *Journal de Toulouse* a des allures modérées. La *Publicité*, trois fois par semaine.

AUDE.

Courrier de l'Aude. Patronné par la Préfecture, suit la direction qu'elle lui donne, a le monopole des annonces judiciaires. Six cent quatre-vingt-dix abonnés. Rédacteur, M. S........ .; gérant, M. P......

PYRÉNÉES-ORIENTALES.

Journal des Pyrénées-Orientales. Seul organe politique du département. Rédaction inoffensive.

LANDES.

Journal des Landes. Suffit aux besoins. M. D...... est propriétaire et imprimeur de ce journal. Les annonces judiciaires que la Préfecture lui a données lui procurent un bénéfice assez important.

Le Réveil des Landes. Très-petit nombre d'abonnés.

Indicateur des Landes. Commercial et agricole.

LOIR-ET-CHER.

France centrale. Mille abonnés. Perfidement hostile au Gouvernement. Reçoit de larges subventions du parti légitimiste. Son action s'étend sur quatre départements.

Le Loir-et-Cher. Sept cents abonnés. Sera privé, au 1er janvier prochain, des annonces judiciaires.

L'Avenir. Aura au 1er janvier prochain les annonces judiciaires. Fondé sous les auspices du Préfet, qui espère lui procurer six ou sept cents abonnés en comptant les communes. L'*Avenir* essayera, par tous les moyens dont l'administration dispose, de paralyser le mal que fait la *France centrale.*

DOUBS.

La Franche-Comté, journal de la Préfecture. Rédacteur, M. M......

L'Union franc-comtoise. Clérical. Deux mille cinq cents abonnés.

SAÔNE-ET-LOIRE.

Le Journal de Saône-et-Loire. Mille sept cents abonnés.

Le Courrier de Saône-et-Loire. Mille cinq cents abonnés.

Presse locale inoffensive et animée d'un bon esprit.

AIN.

Courrier de l'Ain. Rédacteur, M. D...... Mille cinq cent cinquante-quatre abonnés.

Le Journal de l'Ain. Quatre cents abonnés.

Le Préfet songerait à créer, dans son département, un organe plus dévoué que les précédents à la cause du Gouvernement.

Le *Siècle* a cent quatre-vingt-dix abonnés dans ce département; le *Monde,* cent trente-deux.

CÔTE-D'OR.

Le Moniteur de la Côte-d'Or. Journal de la Préfecture. Rédacteur, M. D.......

L'Union bourguignonne, dirigée par M. R......, a plus d'abonnés que le journal de la Préfecture.

A Beaune, la *Revue bourguignonne* et le *Journal de Beaune.* Sans importance.

YONNE.

Le Journal de l'Yonne. Organe de la Préfecture. Deux mille abonnés.

La Constitution d'Auxerre. Hostile, compte presque autant d'abonnés.

A Sens, le *Senonais* et l'*Indicateur* tirent également à grand nombre.

Le *Siècle* a, dans le département, trois cent soixante-deux abonnés; le *Monde,* cent trente-cinq.

SEINE-ET-MARNE.

Indicateur général, Affiches et Avis divers, Abeille, Journal de Seine-et-Marne, Publicateur. Abordent timidement la discussion des actes de l'administration, ou ne s'en occupent pas.

Le *Siècle* a, dans le département, neuf cent vingt-cinq abonnés; mais le *Constitutionnel* en a sept cent trente-neuf.

PUY-DE-DÔME.

Le Moniteur du Puy-de-Dôme. Deux mille cinq cents abonnés. Privilége des annonces judiciaires. Organe de la Préfecture.

LOIRET.

L'Orléanais. Deux cents abonnés. Journal de l'opposition cléricale.

Le Loiret. Patronné par la Préfecture. Tire à trois mille sept cents.

ALLIER.

Le Mémorial. Journal légitimiste. Imprimé par M. É......

Le Messager. Journal de la Préfecture. A les annonces judiciaires. Imprimé par M. D........

HAUTE-VIENNE.

Le Courrier du Centre. Placé sous les auspices de la Préfecture.

Le journal *le Siècle* est très en faveur; la *Presse* vient ensuite.

CHER.

Le Courrier de Bourges. Quatre cent quatre-vingt-dix abonnés. Favorable au Gouvernement.

Le Journal du Cher. Neuf cents abonnés. Favorable au Gouvernement.

CREUSE.

Le Conciliateur. Cent quatre-vingts abonnés. Seul journal de Guéret.

A Aubusson, le *Mémorial;* à Bourganeuf, le *Chercheur;* au Chambon, l'*Annonciateur*. Tous les trois insignifiants.

Le *Siècle* a cent abonnés dans le département; le *Monde,* soixante-seize.

INDRE.

Moniteur de l'Indre. Journal de la Préfecture. Cinq cents abonnés.

Le *Siècle* a cent abonnés; la *Presse* un peu moins; le *Constitutionnel*, cent cinquante-six.

NIÈVRE.

Le Journal de la Nièvre. Rédacteur, M. F... Organe de la Préfecture. Le *Siècle* a deux cent quarante-sept abonnés dans la Nièvre.

V

COLPORTAGE

1868

MEMBRES DE LA COMMISSION PERMANENTE CONSULTATIVE DU COLPORTAGE

1. MM. DE PONGERVILLE, de l'Académie française, premier Vice-Président.
2. Al. LE ROUX, Vice-Président du Corps législatif, deuxième Vice-Président.
3. NISARD, Sénateur.
4. LA TOUR DU MOULIN, Député.
5. BLANCHE (Alfred), Conseiller d'État, Secrétaire général (Seine).
6. Ch. ROBERT, Conseiller d'État, Secrétaire général (Instruction publique).
7. ROULAND (Gustave).
8. le Docteur VERNOIS, Médecin consultant de l'Empereur.
9. l'Abbé LAINE, Aumônier de l'Empereur.
10. le Baron DE JOUVENEL.
11. DIDOT, Imprimeur.
12. GAUDIN, Conseiller d'État.
13. LENORMANT, Conseiller d'État, Secrétaire général (Justice).

14 MM. DE MAUPAS (Paul), Maître des Requêtes de première classe.

15 le Marquis de MONTLAUR, Membre du Conseil général de l'Allier.

16 DE LA NOUE-BILLAULT, Conseiller d'État, Secrétaire général du Conseil d'État.

17 ABBATUCCI (Charles), Conseiller d'État.

18 JUILLERAT, Chef de division.

19 LANGLÉ, Chef de bureau.

20 GIRAUDEAU (Fernand), Chef de bureau.

21 le Comte SÉRURIER, Commissaire du Gouvernement, ancien Préfet.

1852 et les années suivantes.

ANCIENS MEMBRES DE LA COMMISSION DE COLPORTAGE

ET QUI N'EN FONT PLUS PARTIE AUJOURD'HUI :

M. le Vicomte DE LA GUÉRONNIÈRE.

M. ANCELOT, de l'Académie française.

M. Victor FOUCHER, Conseiller à la Cour de cassation.

EXTRAITS

d'un

RAPPORT SUR LE COLPORTAGE

PAR M. JULES DE SAINT-FÉLIX

SECRÉTAIRE DE LA COMMISSION DE COLPORTAGE

ANNÉE 1862.

LIVRES.

Les ouvrages qui ont été présentés par les éditeurs et imprimeurs de Paris et des départements au bureau de colportage, dans le cours de l'année 1862, sont au nombre de neuf cent cinq.

Il a été constaté que cette année, comme l'année dernière, les publications s'adressant à l'imagination, à l'amusement, et d'un autre côté aux émotions violentes, arrivent en nombre considérable à l'estampillage.

Sur neuf cent cinq, cent quinze ouvrages n'ont pas reçu l'autorisation du colportage.

ALMANACHS.

Sur quatre cents environ présentés à l'examen, huit ou dix de ces recueils ont été repoussés.

GRAVURE, IMAGERIE.

Les sujets nationaux, comprenant les faits d'armes de nos troupes, les effigies de la dynastie impériale, ont été présentés en grande quantité.

Les images dites *de sainteté* proviennent surtout des Vosges, de la Meurthe et de la Moselle. Cependant Paris, cette année, a fourni à ce genre d'industrie un contingent supérieur à celui des années précédentes.

PHOTOGRAPHIE.

L'industrie de la photographie trouve, depuis peu de temps, des débouchés avantageux dans la vente par la voie du colportage.

JOURNAUX ILLUSTRÉS.

On ne saurait méconnaître que l'apparition du roman des *Misérables* a exercé une fâcheuse influence sur certaines feuilles illustrées qui publient des romans populaires. Toutefois, la majorité des journaux illustrés s'est préservée de la contagion littéraire dont il est ici question. Au nombre des feuilles qui ont apporté dans le choix de leurs romans la prudence qui leur a été recommandée, il faut citer : *l'Universel, l'Univers illustré, les Bons Romans, le Journal du Jeudi, l'Ouvrier, le Journal pour tous, le Conteur, le Messager de la Semaine* et *les Veillées parisiennes*.

EXTRAITS

DES

RAPPORTS DES INSPECTEURS GÉNÉRAUX

1861 — 1862 — 1863

NIÈVRE.

On se plaint dans ce département de la Société de Saint-Vincent-de-Paul, qui fait distribuer beaucoup d'almanachs et de livres. On exerce, dans le département de la Nièvre, une surveillance sévère à l'égard des chansons licencieuses, et l'on a empêché la vente de quelques-unes de ces chansons qui avaient été estampillées à Paris. Il y a entre l'autorisation de la Commission du colportage et la prohibition locale un inconvénient que l'Inspecteur général se borne à signaler.

CHER, HAUTE-VIENNE.

Dans le département du Cher comme dans celui de la Haute-Vienne, des plaintes s'élèvent contre l'immoralité de certaines chansons envoyées de Paris avec l'estampille. On a même cru devoir interdire la vente de quelques-unes de ces chansons, malgré leur estampillage régulier. L'Inspecteur général a cru de son devoir de donner une entière approbation à la mesure prise par les autorités locales.

On se plaint, en effet, que dans les centres industriels, à Vierzon, par exemple, des adultes, des enfants presque, peuvent entendre répéter des chansons obscènes qui altèrent même le sens moral, et laissent dans leur mémoire et leur imagination une trace qui ne s'efface pas.

A Limoges, ces chansons qui déguisent des pensées licencieuses sont rapidement répandues dans les ateliers, répétées par chaque ouvrier et transportées dans la rue.

ALLIER.

Mêmes observations dans ce département que dans les départements précédents.

LOIRET.

Grande propagande religieuse dans ce département au moyen d'ouvrages qui se publient à Beaugency, dans un établissement spécial, celui de M. Garnier, et à Orléans, dans deux autres imprimeries que l'évêché dirige.

PUY-DE-DÔME.

Il se publie dans le département du Puy-de-Dôme un assez grand nombre d'almanachs. Un seul établissement de Clermont, la maison Thibault, en a imprimé dernièrement cent mille ; et quoiqu'ils ne contiennent que l'indication des jours de l'année et des foires départementales, la Préfecture n'a pas voulu les estampiller et les a envoyés à l'examen de la Commission de colportage.

SEINE-ET-MARNE.

Beaucoup d'écrits à bon marché et des romans à trente centimes.

YONNE.

Un des imprimeurs d'Auxerre, le sieur Gallot, publie chaque année un almanach qui est tiré à quarante mille exemplaires. Cet almanach porte le titre assez bizarre, mais fort ancien, de *Bourguignon salé*. Il est très-répandu dans le département de l'Yonne et même dans les départements voisins : son bon marché (25 centimes) est sans doute une des causes de sa popularité. Il contenait l'année dernière une chanson et une anecdote que l'autorité préfectorale a fait supprimer.

SAÔNE-ET-LOIRE.

La Préfecture estampille peu d'ouvrages : ils lui arrivent en général revêtus de l'autorisation nécessaire.

DOUBS.

Il se fait beaucoup d'essais pour introduire en France par ce département les pamphlets qui se publient à Genève. L'inspection établie récemment à Pontarlier a saisi les *Châtiments*, les *Quarante Voleurs*, *Un César déclassé*, etc., etc. C'est souvent dans des lettres et sur papier très-fin que ces écrits pénètrent. Une contrefaçon des *Misérables*, à 1 franc le volume, va se publier à Genève. On se propose sans doute d'inonder la France de cet ouvrage malsain. L'imprimerie de M. Barbier, à Montbéliard, a la spécialité des almanachs ; elle en publie plus de cent cinquante mille par an.

LANDES.

M. le Préfet des Landes a reçu récemment un prospectus imprimé chez Lebigre-Duquesne, à Paris, rue Hautefeuille, 16, dans lequel on recommande un livre de Proudhon qui a pour titre : *Tableau de l'amour conjugal*.

HÉRAULT, AUDE, DRÔME, GARD.

La récente circulaire qui prescrit l'apposition d'un timbre sec sur les photographies vendues publiquement soulève quelques objections fondées. Les photographies microscopiques que l'on voit à travers un verre grossissant et qui sont placées sur des cannes ou encadrées dans d'autres objets n'échapperont-elles pas, par leur nature même et par leur petitesse, à cette mesure d'ailleurs si sage? Le timbre n'occuperait-il pas dans certains cas plus de place que l'objet représenté?

Un seul cas de contravention en matière de colportage s'est présenté, il y a quelque temps, à la préfecture du Gard : un colporteur a été condamné à une faible amende pour distribution d'un livre religieux non estampillé.

NORD, AISNE, ARDENNES, MOSELLE, MEUSE, MEURTHE, BAS-RHIN, HAUT-RHIN, HAUTE-SAÔNE, HAUTE-MARNE, MARNE.

Dans tous ces départements aucune irrégularité. M. le Préfet du Nord appelle l'attention de M. le Ministre sur la librairie religieuse de M. Lefort, de Lille, dont quelques ouvrages contiennent des insinuations légitimistes.

Le sieur Hinzelin, imprimeur et propriétaire-gérant du journal *l'Impartial*, dans la Meurthe, appelle autant par son caractère que par ses antécédents la surveillance et la défiance du Gouvernement.

Parmi les imprimeurs de Strasbourg, L... est à la complète disposition du clergé.

L'introduction des écrits prohibés trouve de grandes facilités sur la frontière de Belgique. Les mécaniciens et les chauffeurs des chemins de fer ne sont pas étrangers à ces entrées frauduleuses.

Dans la Meurthe, le Haut-Rhin, le Bas-Rhin et les départements adjacents, le clergé s'est occupé de la distribution d'imprimés relatifs à la question romaine. Les plus répandus ont été la *Brochure du Pape*, de Mgr de Ségur, et le *Buveur de bière*, qu'on attribue à M. Guerber, curé de Haguenau. Parmi les ecclésiastiques les plus exaltés, on cite M. l'abbé Boisson, desservant de la paroisse de Borey, dans la Haute-Saône, qui a été condamné par le tribunal correctionnel de Vesoul à 16 fr. d'amende pour propagation hostile au Gouvernement. On vient de publier à Bâle vingt-sept brochures dangereuses. Le colonel Charras prépare un ouvrage dont on ne sait pas encore le titre.

Les bibliothèques administrées par la société de Saint-Vincent-de-Paul constituent un danger d'autant plus sérieux qu'elles s'adressent plus particulièrement à la classe ouvrière.

LIVRES

AUXQUELS L'ESTAMPILLE A ÉTÉ REFUSÉE PENDANT
LE PREMIER SEMESTRE DE L'ANNÉE 1868

Il a été présenté pendant le premier semestre de l'année 1868 *quatre cent trente* ouvrages, livres ou brochures, sur lesquels *quarante-cinq* ont été refusés.

Farel, par Henri Monod. — Fanatisme protestant.

Havin, par Eugène de Mirecourt. — Libelle contre M. Havin.

Avertissement au R. P. Lavigne. — Pamphlet contre un ecclésiastique.

Mademoiselle Escobar, par de Marancourt. — Rivalité du père et du fils.

Salons et Sacristies, par G. Murat.

Secrétaire universel des amants.

Le Beau Filou, par H. de Kock.

La Loi militaire, par Isambert.

Les Prisons politiques, par Sirven.

Louis Hubert. — Sur le célibat des prêtres.

Clovis Bourbon, par E. Jonchère. — Critique des mœurs et des institutions présentes.

Le Vétérinaire chez soi. — Dangereux comme indication de remèdes.

Estampe symbolique représentant, sous forme de carte géographique, les divers degrés du vice.

Le Spiritisme devant la raison. — Réhabilitation du spiritisme.

La Guérison des malades par la prière et par l'imposition des mains.

Le Médecin des pauvres. — Pratiques superstitieuses.

Simple Aperçu historique sur la Vie des saints.

Germaine de Pibrac.

Les Échos de la Guinguette.

Le Grand Prophète, nouvel oracle des dames et des demoiselles.

La Chirurgie des pauvres. — Mauvaises pratiques médicales.

Les Francs-Maçons de M. de Ségur.

La Mauvaise Presse, par M. de Bussy. — Pamphlet contre les journalistes.

La Rage.

Sur les genoux de l'Église.

Double Histoire, par André Léo.

Le Pays de l'Astrée.

Thérèse Raquin, par Émile Zola.

Les Parents coupables, ou Mémoires d'un Lycéen, par L. Ulbach.

Madame Frainex, par Robert Halt.

Théorie de l'amour artificiel.

A bâtons rompus, par E. Deschanel. — Voir les rapports à la Commission.

Propos de Thomas Vireloque, par Lermina.

L'Origine de la vie, par Pennetier.

Marthe Varade, par Ernest Daudet.

VI

EMPRUNT MEXICAIN

NOTE

TRANSMISE AU MINISTÈRE DE L'INTÉRIEUR PAR LA DIRECTION
GÉNÉRALE DE LA SURETÉ PUBLIQUE

MINISTÈRE DE L'INTÉRIEUR

DIRECTION GÉNÉRALE DE LA SURETÉ PUBLIQUE

1re Division. — 3e Bureau.

Renvoyée le 23 sans instructions.

Paris, le 18 avril 1865.

NOTE POUR SON EXCELLENCE

La plupart des journaux politiques ou industriels publiés à Paris ont annoncé que l'Emprunt mexicain avec les avantages offerts aux actionnaires serait ouvert, à partir du 22 avril, au Comptoir d'escompte de Paris et chez tous les receveurs généraux.

Les conditions de cet emprunt sont assurément de nature à séduire le public et à enlever la souscription, mais il a paru utile de signaler à Son Excellence le caractère d'illégalité qui s'attache à l'opération telle qu'elle a été conçue.

En effet, cet emprunt, avec les primes si considérables qui y sont affectées, constitue une véritable loterie étrangère que l'Administration ne saurait ni concéder ni régulariser et qu'une loi spéciale pourrait seule autoriser, ainsi que cela s'est pratiqué pour les emprunts du Crédit foncier et ceux de la Ville de Paris.

Jusqu'à ce jour l'Administration a pris soin de s'opposer aux annonces et surtout à la négociation des opérations de même nature connues sous le nom d'*Emprunt autrichien* et d'*Emprunt de la ville de Milan,* ces entreprises ayant été considérées avec raison comme des loteries étrangères, formellement prohibées par la loi du 21 mars 1836.

Sans parler de la responsabilité qu'on pourrait chercher à faire peser sur l'Administration à l'occasion de la tolérance exceptionnelle qu'elle aurait apportée à l'égard de l'Emprunt mexicain, n'est-il pas à craindre que l'opposition ne vienne attaquer très-vivement la légalité de cet emprunt, et reprocher peut-être au Gouvernement de s'être mis au-dessus de la loi ?

Enfin, si la question venait à être déférée aux tribunaux ou portée devant le Sénat, il semble qu'il serait difficile de produire des arguments pour la justification du mode adopté à l'égard de l'Emprunt mexicain.

VII

SAISIE DES LETTRES

NOTE

DE LA DIRECTION DES POSTES

DIRECTION GÉNÉRALE DES POSTES.

1re Division. — 3e Bureau.

FRANCHISES, CONTENTIEUX ET TARIFS.

———

ÉTAT[1] *indiquant le nombre des réquisitions pour saisies de lettres qui ont été opérées en 1866 et en 1867 dans tous les départements de l'Empire et en Algérie.*

---

[1]. Cet état ne donne pas le nombre des lettres ouvertes et rendues à leurs destinataires après examen.

ÉTAT INDIQUANT LE NOMBRE DES RÉQUISITIONS

EN 1866,

DÉPARTEMENTS.	PAR L'AUTORITÉ JUDICIAIRE.		PAR L'AUTORITÉ PRÉFECTORALE.		OBSERVATIONS.
	Nombre de réquisitions.	Nombre de lettres saisies.	Nombre de réquisitions.	Nombre de lettres saisies.	
1	2	3	4	5	6
Ain............	3	»	3	1791[1]	1. Concernant des loteries étrangères.
Aisne..........	10	29	»	»	
Allier..........	1	»	»	»	
Alpes (Basses-)...	1	1	»	»	
Alpes (Hautes-)..	»	»	»	»	
Alpes-Maritimes..	»	»	»	»	
Ardèche........	1	»	»	»	
Ardennes.......	1	»	»	»	
Ariége.........	»	»	»	»	
Aube..........	1	13	»	»	
Aude..........	2	1	»	»	
Aveyron....,...	1	31	»	»	
Bouches-du-Rhône.	12	24	»	»	
Calvados.......	1	»	»	»	
Cantal.........	»	»	»	»	
Charente.......	1	»	»	»	
Charente-Inférieure.	7	»	»	»	
Cher...,.....	»	»	»	»	
Corrèze...,...	11	»	»	»	
Corse..........	»	»	»	»	
A reporter...	53	103	3	1791	

POUR SAISIES DE LETTRES QUI ONT ÉTÉ OPÉRÉES EN 1867,

DÉPARTEMENTS.	PAR L'AUTORITÉ JUDICIAIRE.		PAR L'AUTORITÉ PRÉFECTORALE.		OBSERVATIONS.
	Nombre de réquisitions.	Nombre de lettres saisies.	Nombre de réquisitions.	Nombre de lettres saisies.	
1	2	3	4	5	6
Ain............	»	»	2	269[1]	1. Concernant des loteries étrangères.
Aisne..........	4	62	»	»	
Allier..........	»	»	»	»	
Alpes (Basses-)...	»	»	»	»	
Alpes (Hautes-)...	»	»	»	»	
Alpes-Maritimes..	1	5	»	»	
Ardèche........	»	»	»	»	
Ardennes.......	1	»	»	»	
Ariége.........	»	»	»	»	
Aube..........	2	»	»	»	
Aude..........	3	4	»	»	
Aveyron.......	»	»	»	»	
Bouches-du-Rhône.	6	10	»	»	
Calvados.......	7	5	»	»	
Cantal.........	»	»	»	»	
Charente.......	1	3	»	»	
Charente-Inférieure.	»	»	»	»	
Cher..........	1	4[2]	»	»	2. Affaire réintégrée dans le service. Affaire relative à un vol.
Corrèze........	1	5	»	»	
Corse..........	»	»	»	»	
A reporter...	27	97	2	269	

ÉTAT INDIQUANT LE NOMBRE DES RÉQUISITIONS EN 1866,

DÉPARTEMENTS.	PAR L'AUTORITÉ JUDICIAIRE.		PAR L'AUTORITÉ PRÉFECTORALE.		OBSERVATIONS.
	Nombre de réquisitions.	Nombre de lettres saisies.	Nombre de réquisitions	Nombre de lettres saisies.	
1	2	3	4	5	6
Report..	53	103	3	1791	
Côte-d'Or......	1	2	»	»	
Côtes-du-Nord...	2	4	»	»	
Creuse.......	»	»	»	»	
Dordogne......	3	»	»	»	
Doubs........	2	5	»	»	
Drôme	3	1	»	»	
Eure........	1	1	»	»	
Eure-et-Loir....	3	4	»	»	
Finistère.....	»	»	»	»	
Gard.........	»	»	»	»	
Garonne (Haute-)..	4	2	»	»	
Gers.........	»	»	»	»	
Gironde.......	3	8	4	2	
Hérault.......	3	3 [1]	»	»	1. Dont une chargée.
Ille-et-Vilaine...	4	1	»	»	
Indre........	12 [2]	»	»	»	2. Concernant la même affaire.
Indre-et-Loire...	2	5	»	»	
Isère	1	4	»	»	
Jura.........	12	»	»	»	
A reporter...	107	143	7	1793	

POUR SAISIES DE LETTRES QUI ONT ÉTÉ OPÉRÉES EN 1867,

DÉPARTEMENTS.	PAR L'AUTORITÉ JUDICIAIRE.		PAR L'AUTORITÉ PRÉFECTORALE.		OBSERVATIONS.
	Nombre de réquisitions.	Nombre de lettres saisies	Nombre de réquisitions.	Nombre de lettres saisies.	
1	2	3	4	5	6
Report...	27	97	2	269	
Côte-d'Or	3	1	»	»	
Côtes-du-Nord	»	»	»	»	
Creuse	»	»	»	»	
Dordogne	»	»	»	»	
Doubs	2	»	»	»	
Drôme	5	27	»	»	
Eure	1	1	»	»	
Eure-et-Loir	2	2	»	»	
Finistère	»	»	»	»	
Gard	»	»	»	»	
Garonne (Haute-)	2	»	»	»	
Gers	4	5	»	»	
Gironde	»	»	2	»	
Hérault	3	3	»	»	1. En une seule fois 34 lettres, poste restante au bureau de Vienne, adressées au même destinataire.
Ille-et-Vilaine	1	1	»	»	
Indre	1	1	»	»	
Indre-et-Loire	6	4	»	»	2. Trois réquisitions permanentes ont été adressées par le préfet aux receveurs et distributeurs, pour une société secrète. — Aucune saisie opérée.
Isère	2	35 [1]	»	»	
Jura	3 [2]	»	»	»	
A reporter...	62	177	4	269	

ÉTAT INDIQUANT LE NOMBRE DES RÉQUISITIONS

EN 1866,

DÉPARTEMENTS.	PAR L'AUTORITÉ JUDICIAIRE.		PAR L'AUTORITÉ PRÉFECTORALE.		OBSERVATIONS.
	Nombre de réquisitions.	Nombre de lettres saisies.	Nombre de réquisitions.	Nombre de lettres saisies.	
1	2	3	4	5	6
Report...	107	143	7	1793	
Landes.......	1	»	»	»	
Loir-et-Cher....	2	»	»	»	
Loire........	7	4	»	»	
Loire (Haute-)...	1	1[1]	»	»	1. Remise en service après ouverture.
Loire-Inférieure..	»	»	»	»	
Loiret........	1	1	»	»	
Lot.........	2[2]	6	»	»	2. Correspondance d'un notaire prévenu d'abus de confiance.
Lot-et-Garonne...	5[3]	»	»	»	
Lozère.......	1	»	»	»	3. Concernant la correspondance adressée à une bande de voleurs.
Maine-et-Loire...	»	»	»	»	
Manche.......	»	»	»	»	
Marne........	1	6	»	»	
Marne (Haute-)...	5	12	»	»	
Mayenne......	»	»	»	»	
Meurthe.......	3	»	»	»	
Meuse........	8	14	»	»	
Morbihan......	»	»	»	»	
Moselle.......	»	»	13	1118[4]	4. Renfermant des billets de loteries étrangères.
Nièvre........	»	»	»	»	
A reporter...	144	187	20	2911	

POUR SAISIES DE LETTRES QUI ONT ÉTÉ OPÉRÉES EN 1867,

DÉPARTEMENTS.	PAR L'AUTORITÉ JUDICIAIRE.		PAR L'AUTORITÉ PRÉFECTORALE.		OBSERVATIONS.
	Nombre de réquisitions.	Nombre de lettres saisies.	Nombre de réquisitions.	Nombre de lettres saisies.	
1	2	3	4	5	6
Report...	62	177	4	269	
Landes	2	»	»	»	
Loir-et-Cher	6	7	»	»	
Loire	3	25	»	»	
Loire (Haute-)	»	»	»	»	
Loire-Inférieure	»	»	1	»	
Loiret	2	1	»	»	
Lot	2[1]	1	»	»	1. Concernant la correspondance d'un notaire poursuivi pour abus de confiance.
Lot-et-Garonne	»	»	»	»	
Lozère	1	45[2]	»	»	2. Lettres remises au syndic d'une faillite.
Maine-et-Loire	1	2	»	»	
Manche	1	1	»	»	
Marne	1	2	»	»	
Marne (Haute-)	1	1	»	»	
Mayenne	»	»	»	»	
Meurthe	3	2	»	»	
Meuse	7	47	»	»	
Morbihan	»	»	»	»	
Moselle	»	»	7	517[3]	3. Renfermant des billets de loteries étrangères.
Nièvre	»	»	»	»	
A reporter...	92	311	12	786	

ÉTAT INDIQUANT LE NOMBRE DES RÉQUISITIONS

EN 1866,

DÉPARTEMENTS.	PAR L'AUTORITÉ JUDICIAIRE.		PAR L'AUTORITÉ PRÉFECTORALE.		OBSERVATIONS.
	Nombre de réquisitions.	Nombre de lettres saisies.	Nombre de réquisitions.	Nombre de lettres saisies.	
1	2	3	4	5	6
Report...	144	187	20	2911	
Nord	2	2	»	»	
Oise	»	»	»	»	
Orne	23	6	»	»	
Pas-de-Calais	»	»	»	»	
Puy-de-Dôme	1	4	»	»	
Pyrénées (Basses-)	»	»	»	»	1. Billets de loteries étrangères.
Pyrénées (Hautes-)	2	2	»	»	2. Concernant la même affaire.
Pyrénées-Orientales	6	»	»	»	3. Quarante réquisitions concernant une bande d'Italiens qui avaient traversé la Sarthe.
Rhin (Bas-)	8	»	9	528 [1]	
Rhin (Haut-)	1	8 [2]	»	»	
Rhône	5	4	»	»	4. Ces cent deux lettres provenaient d'escrocs anglais qui, prenant les noms de Lay et C°, Dœver et C°, se faisaient remettre des sommes d'argent par des habitants de Paris et d'autres places, auxquels ils annonçaient mensongèrement qu'ils étaient détenteurs, pour leur compte, de lettres renfermant des valeurs. Les lettres de ces individus, qui affectaient des allures de commerçants, étaient frappées d'un timbre portant leur raison de commerce.
Saône (Haute-)	3	25	»	»	
Saône-et-Loire	1	»	»	»	
Sarthe	41 [3]	1	»	»	
Savoie	4	2	»	»	
Savoie (Haute-)	6	3	6	6	
Seine	17	55	2	102 [4]	
Seine-et-Marne	3	8	»	»	
Seine-et-Oise	»	»	»	»	
A reporter...	267	307	37	3547	

POUR SAISIES DE LETTRES QUI ONT ÉTÉ OPÉRÉES EN 1867,

DÉPARTEMENTS.	PAR L'AUTORITÉ JUDICIAIRE.		PAR L'AUTORITÉ PRÉFECTORALE.		OBSERVATIONS.
	Nombre de réquisitions.	Nombre de lettres saisies.	Nombre de réquisitions.	Nombre de lettres saisies.	
1	2	3	4	5	6
Report...	92	311	12	786	
Nord	1	2	»	»	
Oise	»	»	»	»	
Orne	12	2	»	»	
Pas-de-Calais	»	»	»	»	
Puy-de-Dôme	3	5	»	»	
Pyrénées (Basses-)	1	1	»	»	
Pyrénées (Hautes-)	2	1	»	»	
Pyrénées-Orientales	4	1	»	»	
Rhin (Bas-)	3	3	6	576 [1]	1. Billets de loteries étrangères.
Rhin (Haut-)	»	16 [2]	»	»	2. Même réquisition qu'en 1866.
Rhône	6	2	»	»	
Saône (Haute-)	»	»	»	»	
Saône-et-Loire	2	2	»	»	
Sarthe	1	3	»	»	
Savoie	»	»	»	»	
Savoie (Haute-)	2	15	18	18	
Seine	30	109	4	40	
Seine-et-Marne	»	»	»	»	
Seine-et-Oise	1	1	»	»	
A reporter...	160	474	40	1420	

ÉTAT INDIQUANT LE NOMBRE DES RÉQUISITIONS EN 1866,

DÉPARTEMENTS.	PAR L'AUTORITÉ JUDICIAIRE.		PAR L'AUTORITÉ PRÉFECTORALE.		OBSERVATIONS.
	Nombre de réquisitions.	Nombre de lettres saisies.	Nombre de réquisitions.	Nombre de lettres saisies.	
1	2	3	4	5	6
Report...	267	307	37	3547	
Seine-Inférieure...	3	1	»	»	
Sèvres (Deux-)...	1	»	»	»	
Somme...	1	»	»	»	
Tarn...	1	»	»	»	
Tarn-et-Garonne...	»	»	»	»	
Var...	2	1	»	»	
Vaucluse...	2	1	»	»	
Vendée...	3	2	»	»	
Vienne...	1	7	»	»	
Vienne (Haute-)...	3	1	»	»	
Vosges...	2	2	»	»	
Yonne...	25	4	»	»	
Alger...	»	»	»	»	
Constantine...	8	21	1	1	
Oran...	1	7	»	»	
TOTAL...	320	354	38	3548 [1]	

1. Sur 3,548 lettres saisies à la réquisition des préfets en 1866, 3,437 renfermaient des billets de loteries étrangères et 111 seulement étaient des lettres ordinaires.

POUR SAISIES DE LETTRES QUI ONT ÉTÉ OPÉRÉES EN 1867,

DÉPARTEMENTS.	PAR L'AUTORITÉ JUDICIAIRE.		PAR L'AUTORITÉ PRÉFECTORALE.		OBSERVATIONS.
	Nombre de réquisitions.	Nombre de lettres saisies.	Nombre de réquisitions.	Nombre de lettres saisies.	
1	2	3	4	5	6
Report...	160	474	40	1420	
Seine-Inférieure	2	»	»	»	
Sèvres (Deux-)	1	»	»	»	
Somme	»	»	»	»	
Tarn	3	4	»	»	
Tarn-et-Garonne	3	4	»	»	
Var	2	3	»	»	
Vaucluse	3	2	»	»	
Vendée	3	2	»	»	
Vienne	1	5	»	»	
Vienne (Haute-)	»	3[1]	»	»	1. Lettres saisies en vertu des réquisitions de 1866.
Vosges	2	4	»	»	
Yonne	14	28	»	»	
Alger	»	»	»	»	
Constantine	16	23	»	»	
Oran	1	2	»	»	
Total...	211	554	40	1420[1]	

1. Sur 1,420 lettres saisies à la réquisition des préfets en 1867, 1,362 renfermaient des billets de loteries étrangères et 58 seulement étaient des lettres ordinaires.

VIII

RENSEIGNEMENTS CONFIDENTIELS

COMMISSAIRES DE POLICE

IMPRIMERIE-LIBRAIRIE — FONDS SECRETS DE POLICE

SERVICES PERSONNELS

MINISTÈRE DE L'INTÉRIEUR.

RENSEIGNEMENTS CONFIDENTIELS.

1868

Commissaires de police cantonaux.

	fr.	c.
En 1864, le nombre des commissaires de police existant en France et payés sur les fonds des communes était de 1851, donnant lieu à une dépense de.	3,585,000	»
L'État venait en aide aux communes par une subvention de.	390,792	06
La dépense payée par les communes s'élevait donc en réalité à.	3,194,207	94
Au 1ᵉʳ janvier 1868, le nombre des commissariats de police, ayant été réduit à 1475, donnait lieu à une dépense de	3,145,720	»
décomposée comme suit :		
A la charge de l'État.	243,190	»
A la charge des communes. . .	2,902,530	»

De sorte que les réductions opérées ont produit une économie de 147,602 fr. pour l'État, et de 291,677 fr. pour les communes.

Imprimerie-Librairie.

Les intérêts de l'ordre, de la morale, que l'Administration devra continuer à sauvegarder contre des attaques plus multipliées et plus perfides, rendent insuffisant le personnel actuel.

Le service de l'inspection de la librairie et de l'imprimerie coûte aujourd'hui 95,700 fr.,

	fr.
soit : 31 inspecteurs aux frontières	36,700
— 6 inspecteurs généraux à 8,000 fr.	48,000
— 4 commissaires spéciaux pour la Seine	11,000
TOTAL ÉGAL	95,700

Fonds secrets de police.

	fr.
En 1852, les dépenses secrètes se sont élevées à	1,800,000
En 1853, — — —	2,000,000
En 1854, — — —	2,000,000
En 1855, — — —	2,500,000
En 1856, — — —	2,000,000
En 1857, — — —	2,000,000
En 1858, — — —	3,200,000
En 1859, — — —	2,500,000
En 1860, — — —	3,300,000
En 1861, — — —	2,200,000
En 1862, — — —	2,000,000
En 1863, — — —	2,300,000
En 1864, — — —	2,000,000
En 1865, — — —	2,000,000
En 1866, — — —	2,000,000
TOTAL	33,800,000

Services personnels.

Chiffre du crédit :

		fr.
	1860	916,000
	1861	960,000
	1862	960,000
	1863	935,000
	1864	935,000
	1865	{ 950,000 (crédit primitif) { 20,000 (crédit supplémentaire)
	1866	{ 950,000 (crédit primitif) { 160,000 (crédit supplémentaire)

Nota. — Il y a eu, en 1866, un virement de 160,000 fr., qui figure ici sous la rubrique (crédit supplémentaire), et, en 1867, un autre virement de 40,000 fr. Ces sommes ont été mises à la disposition du Préfet de police et du Cabinet de l'Empereur.

IX

GESTION DES FONDS SECRETS

COUP D'ÉTAT

du 2 décembre 1851

COUP D'ÉTAT DU 2 DÉCEMBRE

FONDS SECRETS

Impressions concernant l'acte du 2 décembre.

		fr.	c.
1º	Appel au peuple.	1,607	31
2º	Proclamation à l'armée.	1,353	01
3º	Le Préfet de police aux habitants de Paris.	111	18
4º	Circulaire aux Commissaires de police.	7	52
5º	Décret du 2 décembre.	1,367	55
6º	Décret de convocation.	1,255	75
7º	Décret relatif au vote de l'armée.	191	67
8º	Circulaire aux Généraux commandants de division.	32	14
9º	Circulaire à chaque Général.	11	80
10º	Circulaire aux Préfets.	13	73
11º	Circulaire aux Maires.	726	17
12º	Circulaire aux Juges de paix.	683	01
13º	Circulaire aux Procureurs généraux.	18	47
14º	Proclamation aux habitants de Paris.	160	25
15º	Proclamation du Préfet de police.	71	98
	A reporter. . . .	7,611	54

— 304 —

	fr.	c.
Report.	7,611	54
16° Proclamation.	60	84
17° Proclamation aux habitants de Paris.	60	84
18° Proclamation aux habitants de Paris.	60	84
19° Dépêche du Préfet du Rhône.	35	58
20° Arrêté du Ministre de la guerre.	42	62
21° Trois proclamations réunies.	68	69
22° Dépêche du Préfet du Rhône.	42	52
23° Dépêches télégraphiques.	105	53
24° Dépêches télégraphiques.	104	86
25° Nouvelles officielles.	888	90
26° Proclamation du Président.	2,072	26
27° Instructions électorales.	1,093	81
28° Nouvelles officielles.	339	67
29° Circulaire aux Juges de paix.	65	45
30° Nouvelles officielles.	528	70
31° Circulaire aux Préfets.	560	65
32° Nouvelles officielles.	524	03
33° Instructions (2me tirage).	27	04
34° Nouvelles officielles.	524	03
35° Circulaire aux Préfets.	4	05
36° Dépêches télégraphiques.	88	05
37° Avis au peuple français.	3,367	61
38° Circulaire aux Maires.	464	99
39° Pour 13 nuits, du 1er au 15; pour 2 dimanches, 7 et 14; frais de voitures.	4,707	50
Total.	23,452	50

Impressions postérieures à l'acte du 2 décembre.

	fr.	c.
Décrets relatifs aux biens d'Orléans. .	103	40
Constitution	2,686	14

Dépenses pour les votes des 20 et 21 déc. 1851.

	fr.	c.
Frais imprévus pour les départements. qui se décomposent ainsi :	78,255	70
Bulletins Oui	24,008	10
Impressions extraordinaires	26,604	60
Déplacement des agents spéciaux et des juges de paix	27,633	»
Total égal.	78,255	70

Dépense de voitures occasionnée en exécution des ordres du ministre, en date du 6 décembre 1851, pour le transfèrement de Mazas à Vincennes de plusieurs représentants arrêtés le 2. — Quatre voitures, de neuf heures du soir à minuit. . . .   fr. 30   c. »

8 *janvier* 1852. Dépenses faites au sujet du départ des déportés Ode, Gent et Lougomazino   1,375   »

	fr.	c
Même date. Au directeur de la prison de Ham, pour débours	3,000	»
Même date. Dépenses faites pour l'accusation du représentant Saint-Romme et du citoyen Clavel. . . .	159	»
15 *mars*. Au *Constitutionnel*, pour exemplaires	1,050	»

Fonds de police.

Du 2 décembre au 19 du même mois, délivrés sur 16 quittances sans indication d'emploi	190,530	»
Une somme de.	25,000	»
donnée sur la lettre suivante de M. de Maupas :		

PRÉFECTURE DE POLICE

CAISSE

—

Paris, le 4 décembre 1851.

A Monsieur le Ministre de l'Intérieur.

Monsieur le Ministre,

Sur l'autorisation de votre prédécesseur, j'ai reçu à

la caisse de votre ministère 34,308 francs pour les dépenses de police secrète du présent mois de décembre.

La majeure partie de cette somme se trouve absorbée sur les dépenses qu'ont nécessitées les événements qui s'accomplissent en ce moment, et je viens vous prier de vouloir bien faire mettre le plus tôt possible à ma disposition une nouvelle somme de 25,000 francs.

Veuillez agréer,

Le Préfet de Police,

Signé : DE MAUPAS.

La plupart des dépenses relatives au coup d'Etat du 2 décembre 1851 ne sont pas mentionnées sur les registres du ministère de l'Intérieur par suite de la suppression d'une partie de ces registres, expliquée par les pièces qui suivent.

FONDS SECRETS DU MINISTÈRE DE L'INTÉRIEUR

EXERCICE 1852

Gestion de M. de Persigny

Le compte des dépenses secrètes pendant la gestion de M. de Persigny (exercice 1852) s'est élevé à la somme de 447,596 fr. 60 c. Un décret du 17 mars 1852 disposait que le compte particulier de l'emploi des crédits ouverts pour dépenses secrètes devait être réglé définitivement par le Chef de l'État à la fin de chaque exercice et à l'expiration de chaque gestion du ministre ordonnateur.

En exécution de ce décret, M. de Persigny soumit, à la date du 3 août 1853, le compte de l'emploi des fonds au Chef de l'État. Ce compte fut approuvé le même jour 3 avril 1853 ; mais les pièces justificatives, *qui devaient rester déposées au ministère de l'Intérieur, pour être consultées au besoin*, n'y furent pas déposées, et, le 2 avril 1855, M. Laisné, directeur de la comptabilité, réclama vainement lesdites pièces, ainsi que le constatent les notes et lettres qui suivent.

MINISTÈRE DE L'INTÉRIEUR

DIRECTION DE LA COMPTABILITÉ

CAISSE

Paris, le 2 avril 1855.

Note pour réclamer la réintégration aux Archives de la Caisse du Ministère de l'Intérieur de deux cartons contenant les pièces justificatives du compte des Fonds secrets (Exercice 1852).

M. le comte de Persigny, en rendant compte à l'Empereur, le 3 août 1853, de sa gestion des fonds secrets pour l'exercice 1852, a déposé dans le cabinet de S. M. à Saint-Cloud deux cartons contenant les pièces justificatives de ces comptes. L'art. 2 du décret d'apurement des comptes des fonds secrets de l'exercice 1852 stipule, comme les décrets précédents rendus pour les comptes antérieurs, que *les pièces justificatives resteront déposées au ministère de l'Intérieur, pour être consultées au besoin*.

M. le comte de Persigny désire que, *conformément aux prescriptions de ce paragraphe*, les deux cartons dont il s'agit soient rendus au directeur de la Comptabilité du ministère de l'Intérieur, pour être réintégrés aux archives de la Caisse.

Le Directeur de la Comptabilité,

Signé : LAISNÉ.

CABINET DE L'EMPEREUR

Palais des Tuileries, le 5 avril 1855.

Monsieur,

J'ai l'honneur de vous adresser une déclaration de mon sous-chef constatant la remise entre les mains de M. Billault des pièces justificatives du compte des fonds secrets pendant l'administration de M. de Persigny. Je me suis moi-même transporté à Saint-Cloud et je me suis assuré qu'il n'y reste plus aucun carton.

Recevez, Monsieur, l'assurance de ma considération très-distinguée.

Le Secrétaire de l'Empereur, Chef du cabinet,

Signé : MOCQUARD.

M. le Directeur de la comptabilité au ministère de l'Intérieur.

CABINET DE L'EMPEREUR

Palais des Tuileries, le 5 avril 1855.

Au mois de juillet dernier, le jour du départ de l'Empereur pour Biarritz, j'ai pris au palais de Saint-Cloud et rapporté, par ordre de S. M., les cartons contenant les pièces justificatives du compte des fonds secrets pendant l'administration de M. le comte de Persigny. Je suis allé le même jour, en arrivant à Paris, chez M. le Ministre de l'Intérieur et je les lui ai remis directement.

Le Sous-Chef du Cabinet de l'Empereur,

Signé : ALBERT DE DALMAS.

MINISTÈRE DE L'INTÉRIEUR

Paris, le 6 avril 1865.

Le Directeur de la Comptabilité à M. le Ministre de l'Intérieur.

NOTE

Ces deux réponses concernent seulement la remise des pièces justificatives de la gestion de 1853 qui sont, en effet, déposées à la Caisse; mais elles ne donnent aucun renseignement sur les pièces des comptes de l'exercice 1852, que M. le comte de Persigny m'a dit avoir été enfermées par lui tantôt dans une malle, tantôt dans une armoire où il lui était difficile de les prendre; ce n'est guère qu'après une année de réclamation de ma part qu'il m'a dit qu'elles devaient être restées à Saint-Cloud et qu'il fallait les demander à M. Mocquard. Les pièces n'ont jamais été retrouvées.

Signé : LAISNÉ.

TABLE DES MATIÈRES

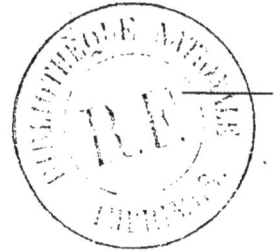

PREMIÈRE PARTIE.

	Pages.
I. Pièces antérieures au coup d'État	3
II. Coup d'État du 2 décembre 1851	17
III. Plébiscite des 20 et 21 décembre 1851.	31
IV. Instructions données du 31 décembre 1851 au 18 février 1852	39
V. Élections législatives, février 1852	61
VI. Voyage du Président de la République dans le Midi de la France, septembre et octobre 1852	77
VII. Plébiscite du 2 décembre 1852	89
VIII. Élections législatives de 1857	99
IX. Élections législatives de 1863	117
X. Élections législatives de 1869	135
XI. Plébiscite du 8 mai 1870.	143
XII. Analyse des Circulaires d'installations des Ministres de l'Intérieur sous l'Empire	151
XIII. Diverses	159

DEUXIEME PARTIE.

	Pages.
I. Direction de la Presse, rapport à l'Empereur	185
II. La Presse et les Écrivains sous l'Empire. Note remise au Ministre de l'Intérieur par la direction de la Presse.	195
III. Note sur le service de la Presse, remise au Ministre de l'Intérieur par le Directeur de la Presse.	223
IV. Presse départementale. Extraits des rapports des Inspecteurs généraux, 1860 — 1862 — 1866	243
V. Colportage	261
VI. Emprunt mexicain. Note transmise au Ministère de l'Intérieur par la Direction générale de la Sûreté publique	277
VII. Saisie des lettres. Note de la Direction des Postes	281
VIII. Renseignements confidentiels. Commissaires de police. — Imprimerie-Librairie. — Fonds secrets de police. Services personnels.	295
IX. Gestion des fonds secrets. Coup d'État du 2 décembre 1851	301

PARIS

IMPRIMERIE JOUAUST

338, RUE SAINT-HONORÉ

www.ingramcontent.com/pod-product-compliance
Lightning Source LLC
Chambersburg PA
CBHW060352170426
43199CB00013B/1845